_____ 드림

하브루타
질문
독서법

하브루타
질문
독서법

초판 1쇄 인쇄 2018년 5월 25일
초판 1쇄 발행 2018년 6월 1일

지은이 김혜경

발행인 장상진
발행처 (주)경향비피
등록번호 제 2012-000228호
등록일자 2012년 7월 2일

주소 서울시 영등포구 양평동 2가 37-1번지 동아프라임밸리 507-508호
전화 1644-5613 | **팩스** 02) 304-5613

ISBN 978-89-6952-253-5 04370
        978-89-6952-091-3 (SET)

하브루타
질문
독서법

김혜경 지음

경향BP

책으로 함께하는 가족,
행운이 함께한다!

'거실에서 대화하는 가족' 하면 어떤 장면이 떠오르나요? 혹시 거실에 둘러앉아 TV 예능 프로그램을 보면서 웃으며 대화하는 가족을 떠올리지는 않으셨나요? 우리는 흔히 가족이 옹기종기 모여 앉아 있는 모습 하면 TV를 함께 시청하는 모습을 떠올리곤 합니다. 그러나 이 책에서 말하는 대화하는 가족은 그러한 모습이 아닙니다. 거실 탁자 위에 책이 올려져 있고 가족이 둘러앉아 책에 대해 이야기하는 모습으로 상상을 전환해 보세요. 참으로 멋진 일이 아닐 수 없습니다.

엄마가 단지 아이에게 그림책을 읽어 주는 장면이 아닙니다.
또한 아빠가 들려주는 책 이야기도 아닙니다.
가족이 함께 읽고, 질문하고, 대화를 나누는 하브루타 질문 독서와 토론입니다.

요즘 학생들의 일상은 스마트폰으로 시작하여 스마트폰으로 끝난다고 말합니다. 비단 학생들만이 아닙니다. 부모들도 역시 아침에 눈을 뜨면 스마트폰을 먼저 보게 됩니다. 우리의 일상이 스마트폰과 대화한다고 해도 무방할 정도입니다. 부모는 부모대로, 아이는 아이대로 단절된 상태로 대화가 잘 되지 않습니다. 대화를 하고 싶고 서로가 공감해 주고 싶어도 무엇부터 시작해야 할지 모릅니다. 대화를 한다고 해도 금방 단절이 되어 버립니다.

이때 필요한 것이 바로 대화의 매개체입니다. 그 매개체로서 최고는 책이 아닐까 합니다. 가정에서 자녀와 또 부부가 함께 행복한 대화를 하고 싶다면 책을 매개체로 대화하기를 권합니다.

하고 싶어도 방법을 몰라서 못하고 있다고요?

그렇다면 이 책을 꼭 정독하라고 권하고 싶습니다. 가족 독서 토론을 위한 사전 준비 사항부터 가족 독서 토론의 방법, 더불어 질문으로 책을 읽는 질문 독서법까지 자세하게 알려 주고 있습니다. 저자 가족과 주변 지인들의 실천 사례가 자세하게 나와 있습니다. 가족 독서 하브루타를 하고 싶은 분들에게 많은 도움이 될 것입니다.

가족 독서 하브루타는 책을 통해 세상의 지혜를 얻고 지식을 쌓기만 하는 것이 아닙니다. 부모와 자식을 이어 줍니다. 책 이야기를 통해서 자식은 부모의 생각을 듣고, 부모를 이해하게 됩니다. 부모는 자식이 어떤 생각을 하는지 알게 됩니다. 현대 사회는 갈수록 바쁘고, 그러다 보니 가족 간의 유대와 결속이 느슨해지고 있습니다. 가족 독서 하브루타는 서로가 사랑하고 이해해야 할 가족들에게 새로운 기회를 부여해 줍니다.

　책과 함께하는 행복한 가정

　서로를 이해하는 행복한 대화가 넘치는 가정

　꿈꾸기만 하지 말고 함께 실천해 보는 것은 어떨까요?

　대한민국의 모든 가정에 책과 함께하는 행운이 가득하길 기원합니다.

양경윤

(안계초등학교 수석교사, 『하브루타 질문 수업』 등 저자)

하브루타 질문 독서로
가족 독서 토론 문화를 만들자

"살아남으려면 읽어야 한다."

이 강렬한 문장을 알게 된 것은 작은아들 덕분이다. 물론 더 엄밀히 말하면 언니 덕분이다. 이야기는 이렇게 시작된다.

"엄마, 오랜만에 이모집에 갔더니 '살아남으려면 읽어야 한다.'라는 글이 곳곳에 붙어 있었어요. 화장실에도, 거실에도, 방에도…. 없는 데가 없어요."

"그래? 재밌네. 이모가 왜 그런 문장을 온 집 안에 붙였을까?"

"책 읽으라는 말이지 뭐예요. 설마 엄마도 붙이려는 건 아니겠죠?"

"아! 그거 좋은 생각이다. 우리 집에도 곳곳에 붙여 볼까? 그럼 우리 쭌이가 책을 좀 더 열심히 읽으려나?"

"아니. 나는 그런 거 붙여 놓으면 가족 독서도 안 할지 몰라요. 절대 하지 마세요."

"크크크. 그런데 넌 이모가 붙여 놓은 글이 어떤 뜻인지는 알겠니? 왜 살아남으려면 읽어야 할까?"

"책을 통해 지혜를 얻어야 살아가는 데 도움이 된다는 얘기인 것 같아요."

"그래서 엄마가 매번 독서를 강조하는 거야. 그치?"

"하지만 우리 집에는 붙이지 말기. 왜? 우리는 다 알고 실천하고 있으니까. 하브루타 가족 독서 토론도 하고요."

그 뒤로 며칠 동안 둘째는 나를 쫓아다니며 이모처럼 붙이지 말라고 당부(?)에 당부를 했다. '살아남으려면 읽어야 한다.' 이 얼마나 강렬한 문구인가? 나는 이 문구의 출처가 어디인지 언니에게 물었다. 『책 읽기의 달인, 호모부커스』에 나오는 문장이라고 했다. 덕분에 출간된 지 10년이나 지난 책을 찾아 읽었다. 이 책을 쓴 이권우 작가는 너무도 당연한 책 읽기의 가치를 목청 높여 말하지 않는 시대를 기대하며, 책을 왜 읽어야 하는지 그리고 어떻게 읽어야 하는지를 알려 주고 싶어서 썼다고 했다.

10년이 지난 지금은 어떤가? 문화체육관광부가 발표한 2017년 국민독서실태조사를 보면, 2015년보다 독서율, 도서관 이용률, 독서 프로그램 참여율 등이 모두 줄어들었다. 안타까운 일이다. 전체 독서율보다 더 관심을 끈 통계는 '평소에 가족, 친구 등 주위 사람들과 책에 관한 이야기를 어느 정도 자주 하는가?'에 대한 답이었다. 성인의 67.7%가 '하지 않는다.'고 답했다. 학생의 경우는 성인보다는 대화의 비율이 높으나 '하지 않는다.'는 응답이 49.3%로 절반 가까이 되었다.

위의 조사 내용 중 세부 항목에서 주목할 만한 점은 '연간 독서량이 많을수록' 독서 대화를 자주 한다는 응답이 더 높게 나타났다는 점이다. 또한 학생들의 경우 지금보다 책을 더 가까이 하기 위해 부모에게 바라는 점에서 '책과 관련된 대화를 나누면 좋겠다.'가 31.6%를 차지하여 4번째 희망 사항으로 조사되었다.

만약 책 읽는 가족 문화가 형성된다면 통계는 어찌 될까?

나는 가족이 함께 책을 읽고 질문하고 대화하는 가족 독서 토론 문화를 꿈꾼다. 부모와 자녀가 함께 책을 읽고 책을 매개로 대화를 나눈다면 어떨까? 평상시에 대화가 없는데 어떻게 아이랑 책으로 대화를 하느냐고 반문할지도 모른다. 물론 대화나 토론을 제대로 배운 적 없는 지금의 부모 세대가 가족 간의 독서 토론을 시작한다는 것은 쉽지 않다. 그러나 가치 있는 것일수록 손쉽게 얻어지지 않는 법이다. 이 책은 그 과정을 쉽게 시작하고 지속할 수 있도록 하는 데 도움을 주고자 썼다.

부모는 독서를 하지 않으면서 아이들에게만 책을 읽으라고 하면 영향력이 오래가지 않는다. 아이들의 독서 습관을 길러 주는 좋은 방법은 부모가 함께 책을 읽는 것이다. 책 읽는 가족 문화를 만들어 보자. 책을 읽기만 하는 게 아니라 같은 책을 읽고 질문과 토론을 하는 가족 독서 토론 문화를 만들어 보자. 혼자 책을 읽는 것보다 독서 토론을 위해 읽으면 책을 더 깊게 읽게 된다. 가족이 함께 토론까지 하면 더 다양한 관점과 생각들을 만나 더 깊고 넓은 책 읽기가 가능해진다. 가족 구성원 간의 생각, 가치관, 감정을 공유하며 결속력과 유대감도 쌓을 수 있다. 뿐만 아니라 독서는 물론 독서 토론하는 가족 문화를 추억으로, 유산으로 물려줄 수 있다.

하브루타는 짝을 지어 질문하고 대화하고 토론하고 논쟁하는 유대인의 교육 방법이자 대화법이다. 하브루타를 내 삶에 적용하고, 가족들과 실천한 내용을 담은 책이 지난번에 출간한 『하브루타 부모 수업』이었다. 하브루타를 계속 실천하면서 가장 즐거운 시간이 가족들과 함께 같은 책을 읽고 하브루타 독서 토론을 할 때이다. 책을 읽고 아이들과 어떻게, 어떤 이야기를 나누어야 할지 막막한 가족들이 말문을 열고 생각을 나눌 수 있는 쉬운 방법 중의 하나가 하브루타이다.

이 책에서 나는 하브루타를 적용해 스스로 질문하며 책을 읽는 것을 '질문 독서'라는 이름으로, 질문 독서 후 그 질문을 서로 공유하여 함께 이야기 나누는 것을 '독서 토론'으로 표현했다. 이 책은 하브루타를 활용한 질문 독서와 가족 독서 토론에 대한 책이다.

『책 읽기의 달인, 호모부커스』의 이권우 작가는 다치바나 다카시의 독서법을 '황새'에 비유하며 일반인들인 '뱁새'가 황새를 따라가려다가는 가랑이가 찢어진다고 비유했다. 시중에는 독서달인과 토론달인 전문가들의 독서법과 독서 토론법에 대한 책이 많이 나와 있다. 그들이 '황새'라면 책 읽기와 가족 독서 토론에서 나는 '뱁새'다.

이 책에는 평범한 '뱁새' 엄마가 가족들과 책을 읽고 하브루타하는 독서 토론의 경험을 담았다. 질문과 토론을 제대로 배운 적이 없고, 독서와 토론의 내공이 깊지도 않은 부모들이 아이들과 가족 독서 토론을 시작하고 싶다면 '할 수 있다.'고 응원하며, '시작하자.'고 손을 내밀어 본다.

내가 가족들과 진행한 하브루타 독서 토론은 정형화된 형식을 갖춘 것이 아니다. 아이들과 함께 책을 읽고 그에 대해 '질문'으로 수다를 떨며 생각을 나누었을 뿐이다. 아이들의 질문과 부모의 질문을 비빔밥처럼 잘 버무려 책의 이야기만이 아니라 우리의 일상과 경험과 생각을 다양하게 공유하고 공감하는 것이 하브루타 가족 독서 토론이다. 이 책에는 그 경험을 통해 내가 깨달은 것과 가족이 함께 독서 토론을 하는 간단한 방법을 소개하였다.

1장은 독서와 하브루타가 왜 최상의 조합인지에 대해 정리했다. 특히 하브루타가 독서에 어떤 영향을 미치는지, 책을 읽고 그 내용에 대해 스스로 질문하는 질문 독서와 하브루타 독서 토론이 어떤 효과가 있는지에 대해 소개했다.

2장은 능동적 독자가 되어 하브루타 독서 토론을 위해 책을 읽는 질문 독서법과 가족 독서 토론의 과정에 대해 상세히 정리했다.

3장은 추천 도서로 함께 하브루타를 실천하는 구체적인 실천 사례를 소개했다. 특히 하브루타 독서 토론을 한 다양한 가족의 실제 토론 내용을 정리해서 담았다. 우리 가족만의 경험이 아니라 다양한 가족의 사례를 담아 여러 가족의 하브루타 독서 토론 현장을 엿볼 수 있다.

한 달에 한두 번, 1주일에 한 번이라도 자녀와 함께 책을 읽고 이야기를 나누자. 우리 집 가족 문화로 하브루타 독서 토론 문화를 만들어 보자. 자녀가 어릴 때 시작할수록 더 좋다. 아이가 읽는 책을 함께 읽고 토론하는 부모가 되자. 책으로 생각을 나누며, 가르치지 않아도 저절로 배우고 성장하는 행복한 하브루타 독서 토론을 실천하는 가족이 많아지기를 기대한다. 독서 토론하는 가족 문화 만들기에 이 책이 작은 씨앗이 되기를 간절히 바란다.

끝으로 이 자리를 빌어 항상 하브루타 독서 토론의 좋은 짝이 되어 주는 남편과 두 아들, 교육 현장에서 함께하는 학생들, 나를 통해 하브루타를 가족들과 실천하고 있는 많은 가족에게 감사드린다. 한국에 하브루타를 전하고, 굳건히 자리매김하도록 애쓰고 있는 하브루타교육협회의 모든 이사님께도 감사드린다.

차 례

 질문하고 토론하는
하브루타 질문 독서의 힘

2장 하브루타 질문 독서법과
가족 독서 토론의 실제

추천 도서로 실천하는 하브루타 가족 독서 토론

1장

질문하고 토론하는
하브루타 질문 독서의 힘

왜 독서와
하브루타인가?

"책의 한 문장마다 모두 좋은 질문과 답이 있다는 것을 알았다." -초4

하브루타 독서 토론에 참여한 초등 4학년 학생의 후기이다. 어떻게 이 초등학생은 책의 한 문장마다 모두 좋은 질문과 답이 있다는 것을 깨달 았을까?

"책을 하나하나 세심하게 읽으며 '왜?'라는 질문을 가지게 되었다. 책 을 통해서 상처를 극복하는 게 무엇인지 알게 됐고, 내가 진짜 원하는 것 이 무엇인지 깊게 생각하고 답을 찾아내는 과정도 도움이 되었다.

하브루타는 나의 생각의 폭을 깊고 또 넓게, '나' 자신을 마주하는 기회도 줬다. 책을 해석하는 방식은 모두 다 다르다는 것을 그리고 그 생각을 나눈다는 것(의 의미)을 알게 해 주고, 실천하게 해 준 하브루타가 너무나 감사하다.

나를 변화시킨 하브루타. 매 차시마다 이번엔 어떤 질문으로 이야기를 할까 하며 설렘을 가득 안고 향했다."-고1

저녁 6시 30분에 시작하는 하브루타 독서 토론에 참여할 때 '설렘'을 안고 참여한 여고생의 후기이다.

"중학생 딸과 같은 책을 읽고, 독서 토론을 하면서 매번 아이의 성장에 놀라고 감탄하게 된다. 그만큼 서로의 생각을 알아 가는 시간이 되어 서로를 더 잘 이해할 수 있다. 덕분에 사춘기가 부드러워졌다."-부모

중등 자녀와 함께 하브루타 독서 토론을 할 때마다 자녀의 내적 성장을 깨닫는 엄마. 초등생부터 부모까지 하브루타 독서 토론 참여 소감은 대부분 "책을 어떻게 읽어야 하는지 깨달았다.", "책을 읽고 질문하고 이야기하는 시간은 힐링이다.", "독서와 독서 토론이 모두 어려웠는데 쉽고 재미있다는 것을 알았다." 등이다. 이유가 무엇일까?

첫째는 책을 읽으며 스스로 질문하는 하브루타 질문 독서의 힘이고, 둘째는 짝과 함께 토론하며 자신의 질문에 다양한 해답을 찾는 하브루타 토론의 힘이다. 독서 과정에 질문하는 하브루타가 적용되면 능동적 독자

가 되어 '깊이 읽기'가 가능해지고, 독서 후에 하브루타가 적용되면 깊고 넓게 읽으며 성장하는 독서가 가능해진다. 뿐만 아니라 즐거운 수다로 재미와 힐링은 덤이다. 그래서 독서와 하브루타는 최상의 조합이다.

그렇다면 하브루타란 무엇인가? 하브루타는 유대인의 전통적인 공부 방법이자 대화, 교육법이다. 한국에는 『부모라면 유대인처럼 하브루타로 교육하라』의 전성수 교수를 통해 '짝을 지어 질문하고 대화하고 토론하고 논쟁하는 것'으로 소개되어 교육 현장을 비롯해 다양하게 활용되고 있다.

나는 하브루타를 배우고 실천하면서 가장 크게 와 닿았던 부분이 '질문'이었다. 하브루타의 질문은 나 자신이 '스스로' 하는 질문을 의미한다. 이 질문이 독서를 바꾼다. 이것 때문에 초등 4학년이 '책의 한 문장마다 모두 좋은 질문과 답이 있다.'는 깨달음을 얻은 것이다. 이 때문에 여고생이 오늘은 어떤 질문으로 이야기할지 설렌 것이다.

한 번 점검해 보자. 독서를 하면서 스스로 질문을 많이 하는가? 아니면 주어진 텍스트를 따라가는 데만 열중해 열심히 읽기만 하는가?

우리는 늘 주어진 텍스트를 따라가는 데만 익숙하다. 그것이 우리 교육의 기본 방식이었다. 물론 텍스트를 무시할 수는 없다. 그것은 모든 지식의 기초이고 바탕이다. 그것이 없으면 지식이 형성되기 힘들다. 그러나 거기에만 머무르게 되면, 창의적 생각과 주체적 삶은 없다. 텍스트는 기존의 질서와 체제를 의미하며 우리에게 순응을 요구한다. 그렇게 우리는 알게 모르게 기존의 질서와 체제에 순응해 왔다. 즉 텍스트는 내가 만든 게 아니다. 따라서 거기에는 내가 없다.

그럼 어떻게 내가 정립될 수 있을까? 그것은 바로 질문이다. 질문은 누가 대신하는 것이 아니다. 바로 나 자신이 하는 것이다.

-김경집, 『생각의 융합』(더숲) 중에서

김경집 교수는 『생각의 융합』을 통해 스스로 하는 질문의 중요함을 강조했다. 책에 담긴 이야기와 생각은 내가 만든 게 아니다. 당연히 그 텍스트에는 내 생각이 담겨 있지 않다. 주어진 텍스트를 그냥 읽기만 하는 독서, 수동적인 독서를 통해서는 '나의 생각을 찾고 독서와 나의 삶'을 연결할 수가 없다. 수동적인 독서를 벗어나려면 '질문'을 해야 한다. 누가 대신하는 질문이 아니라 '나 자신'이 하는 질문이 바로 수동태에서 능동태로 나아가는 첫걸음이다.

바로 이 질문, 나 자신이 스스로 하는 질문이 하브루타이다. 그리고 그 질문으로 토론하는 것이 하브루타이다. 하브루타 독서 토론은 책을 읽고 '자신'의 '질문'으로 함께 이야기하는 과정이다. 독서를 하면서 자신이 만든 질문이야말로 진짜 자신이 궁금하고 관심 갖는 것이다. 우리는 똑같은 책을 읽어도 모두 다른 느낌과 해석을 한다는 것을 이미 알고 있다. 하지만 직접 책을 읽고 만든 질문을 함께 공유하다 보면 서로가 얼마나 다른 생각과 해석을 하고 있는지 단박에 알 수 있다.

이 질문이 서로를 이해하는 창구가 되고, 서로의 생각의 폭을 넓히는 출발점이 된다. 더 나아가 독서 토론의 능동적 참여자가 되게 한다. 왜냐하면 다른 사람이 제시하는 질문, 논제에 따라가거나 혹은 끌려가는 것이 아니기 때문이다. 내 질문에서 출발해서 스스로 앞으로 나아간다. 덕분에 하브루타 독서 토론은 참여하는 이들이 능동적인 토론자가 됨과 동시에 그 과정이 더욱 즐겁고 행복하다.

혹자는 아이들이 만든 질문이 주제를 빗나가거나 논점을 제대로 찾지 못할 경우 책 수다가 의미를 잃을 수도 있다고 우려한다. 그러나 나는 이런 우려에 대해 우리가 지금까지 받아 온 교육 때문에 '결과'를 중시하고, 책마다 반드시 나눠야 할 '논제'가 정답처럼 존재한다고 생각하는 정답 지상주의 때문이라고 생각한다. 책이 갖는 의미는 매우 입체적이다. 그만큼 답이 여러 가지이다. 1권의 책을 100명이 읽으면 100개의 해석이 나올 수 있어야 하고, 우리는 그 100개의 해석을 인정할 수 있어야 한다. 그런데 왜 꼭 반드시 다뤄야 하는 논제를 강조해야 하는가?

또한 아무리 좋은 논제여도 그 논제를 교사나 부모가 늘 제시하는 것이 아니라 아이들이 스스로 꺼낼 수 있는 능력을 기르는 과정이 필요하다. 스스로 좋은 질문을 하는 연습을 거쳐야, 더 좋은 질문으로 나아갈 수 있고, 더 좋은 토론을 만들 수 있다. 그 성장의 과정을 거치는 동안 꾸준히 옆에서 질문하고 토론하는 것이 부모가 해야 할 역할이다.

이 책에서는 디베이트, CEDA 토론, 피라미드 토론 등 전문적인 토론 형식이 전혀 없다. 부모와 자녀가 함께 책을 읽고 각자가 궁금한 '질문'을 품고 시작할 수 있다. 마주 앉아 서로의 질문을 매개로 다양한 답을 찾으며, 서로의 생각을 경청하고, 이야기하자. 이런 과정이 쌓이면 독서를 통해 독해력·분석력·추리력·판단력이 길러지고, 토론을 통해 의사소통 능력·경청 능력·문제 해결 능력·공감 능력 등이 길러진다. 잔소리나 훈계가 아닌 질문과 대화로 자녀가 스스로 성장해 가는 데 도움을 줄 수 있다.

하브루타 가족 독서 토론은 실시간으로 아이가 성장하는 과정이 눈에 보이는 순간이고, 그 순간순간이 쌓여 가족 간의 친밀한 유대감, 즐거운 추억이 열매로 남는다. 가족이 함께하는 하브루타 독서 토론, 자녀에게 진정한 독서와 가족 문화를 물려줄 수 있는 최고의 방법이다. 독서와 하브루타의 컬래버레이션이 주는 최고의 선물이다.

질문이
독서하는 힘을 키운다

글을 읽을 줄 아는 것과 글의 의미를 이해하는 것은 전혀 다르다. 글의 내용을 이해하는 것과 공감하는 것 또한 전혀 다르다. 한글을 깨우치기만 하면 누구나 읽을 수 있다. 그러나 한글을 깨우친 5살 아이가『사기열전』(사마천 지음, 김원중 옮김, 민음사)을 읽는다고 해서 이해했다고 말할 수는 없다. 그저 글자를 읽는 것뿐이다. 마찬가지로『꽹이부리말 아이들』(김중미 글, 송진헌 그림, 창비)을 읽고 내용을 이해한다고 해서 등장인물들의 마음에 공감할 수 있는 것은 아니다. 때문에 그냥 읽기만 하는 독서는 의미가 없다.

그냥 읽기만 하는 독서는 결코 스스로 생각하는 행위가 아니다. 쇼펜하우어는『문장론』을 통해 다음과 같이 말했다.

> 독서는 타인에게 자신의 생각을 떠넘기는 행위이다. 책을 읽는 동안 우리는
> 타인이 밟았던 생각의 과정을 더듬는 데 지나지 않는다. 글씨 쓰기 연습을
> 하는 학생이 선생이 연필로 그려 준 선을 붓으로 따라가는 것과 비슷하다.
> (중략) 거의 하루 종일 독서로 시간을 보내는 근면한 사람일수록 조금씩 스
> 스로 생각하는 힘을 잃게 된다.
> - 쇼펜하우어 지음, 김욱 옮김,『쇼펜하우어 문장론』(지훈) 중에서

쇼펜하우어는 심지어 독서로 삶을 소비한다고까지 표현한다. 스스로
생각하지 않고 책을 읽는 행위는 자신의 생각을 타인에게 떠넘기고, 타
인의 생각의 과정을 쫓아가는 것에 다를 바 없다는 쇼펜하우어의 말은
다독을 경계하는 말이기도 하다. 더 나아가 쇼펜하우어는 사색하는 독서
를 강조하며 다음과 같이 표현했다.

> 독서와 학습은 객관적인 앎이다. 그리고 독서와 학습을 바탕으로 이루어지
> 는 사색은 주관적인 깨달음이다. 누구나 책을 읽을 수 있고, 누구나 공부할
> 수 있지만, 누구나 이를 통해 사색할 수 있는 것은 아니다.
> - 쇼펜하우어 지음, 김욱 옮김,『쇼펜하우어 문장론』(지훈) 중에서

누구나 책을 읽을 수는 있지만, 누구나 생각하며 읽지는 않는다. 그러
나 주관적인 깨달음, 글의 의미를 파악하기 위해서는 사색을 해야 한다.

사색하기 위해서는 스스로 '질문'해야 한다.

그림책에서 4~6세용으로 분류된 에드 영 작가의 『일곱마리 눈먼 생쥐』를 우리 아이들을 포함해 초·중등 아이들과 함께 하브루타 독서 토론을 했다. 제목 그대로 이 책은 일곱 마리의 눈먼 생쥐가 주인공이다.

이 생쥐들이 어느 날 연못가에서 이상한 것을 발견했다. 몹시 궁금한 생쥐들은 이튿날부터 하루에 한 마리씩 그 이상한 것이 무엇인지 알아보러 떠난다.

그림책을 읽고 있는 독자는 금세 그 이상한 것이 코끼리인 것을 알아차릴 수 있다. 하지만 월요일에 빨간 생쥐가 코끼리의 발에 다녀온 뒤 "그건 커다란 기둥이야."라고 말하지만 생쥐들은 아무도 믿지 않는다. 화요일에는 초록 생쥐가 기다란 코에 다녀온 뒤, "그건 뱀이야."라고 말한다. 수요일, 목요일, 금요일, 토요일에 다녀오는 생쥐마다 하는 말은 모두 다르다. 심지어 저마다 자기 말이 옳다고 다투기까지 한다. 그리고 마지막 일요일에 하얀 생쥐가 간다. 하얀 생쥐는 그 이상한 물체의 여기저기를 살펴본 후, 드디어 코끼리라는 걸 알아챘다.

책의 마지막에는 에드 영이 스스로 작품의 의도를 밝혀 놓았다.

하지만 이 그림책은 에드 영의 의도 외에도 생각할 거리와 토론 거리가 많이 숨어 있다. 그럼에도 아이들이나 어른들이나 이 그림책을 읽고 질문을 만들자고 하면 '너무 당연'해서 질문할 거리가 없다고 당황한다. 작가 스스로 의도까지 밝혀 놓았고, 독자 역시 가장 먼저 깨닫게 되는 것이 '부분과 전체를 바라보는 지혜'이기 때문이다. 이렇게 당연한 것일수록 질문을 해야 한다. 그래야 우리만의 생각을 캐낼 수 있다.

다음은 초등 2학년들의 질문이다. (막 하브루타를 시작했을 때의 질문이다.)

쥐들은 바보일까? 하얀 생쥐만 똑똑할까?
왜 하얀 생쥐만 코끼리라는 걸 알았을까?
어떻게 하얀 생쥐는 코끼리라는 걸 알았을까?
왜 밧줄이라고 했을까?
왜 생쥐들은 눈이 멀었을까?
왜 생쥐들은 색깔이 다를까?
왜 생쥐들은 싸웠을까?

처음에 아이들은 하얀 생쥐만 똑똑하다고 생각했다. 하지만 스스로 만든 질문을 통해 답을 찾아가면서 '생쥐들의 다툼'을 놓치지 않고, 집중해서 이야기를 나눴다. 서로 자기주장이 옳다고 우기기는 했지만 그렇게 각자의 경험을 공유하지 않았다면 하얀 생쥐가 코끼리를 알아채는 데 도움이 되지 않았을 거라고 의견을 모았다. 그런 아이들에게 나는 질문을 하나 보탰다.

"얘들아, 일곱 마리 생쥐는 어떤 생쥐들 같아?"
"무척 용감해요. 왜냐하면 눈이 보이지 않고, 무엇인지도 잘 모르는데도 용감하게 알아보러 떠났잖아요."
"우와! 그렇구나. 그럼 가장 용감한 생쥐는 누굴까?"
"빨간 생쥐요. 첫 번째로 도전했으니까요."

"제 생각에는 노란 생쥐요. 왜냐하면 초록 생쥐가 뱀이라고 말했잖아요. 그럼 더 무서웠을 텐데도 용감하게 알아보러 갔으니까요."

"저는 노란 생쥐는 아닌 것 같아요. 어차피 친구가 한 말을 믿지 않았잖아요. 그러니 뱀을 무서워하면서 간 건 아니잖아요."

"그렇게 생각할 수도 있구나. 그럼, 친구가 말한 게 뱀이 아니라고 생각하면 전혀 안 무서웠을까? 너희들이라면 어떨 것 같아?"

"믿지 않아도 '혹시' 하면서 많이 떨렸을 것 같아요."

"그렇구나. 그럼 하얀 생쥐 말고 다른 생쥐들은 정말 바보인 걸까?"

이런 이야기를 꼬리에 꼬리를 물고 나누면서 아이들은 눈먼 생쥐들이 용기를 내서 다녀와 각자의 정보를 함께 공유하며 '이상한 것'이 '코끼리'라는 걸 밝혀낸 것에 박수를 쳤다. 그래서 초등 2학년이 찾은 교훈은 "어떤 문제를 해결하고자 할 때는 다 같이 힘을 모아 해결하면 더 잘 해결할 수 있다."이다.

에드 영의 교훈과는 전혀 다르다. 하지만 초2 아이들은 자신들만의 생각을 일곱 생쥐와 함께 개척해 나아갔다. 자신이 두려움을 극복하고 용기를 냈던 일과 일곱 생쥐가 다툼 끝에 문제를 해결하는 과정을 이야기하며 스스로 문제 해결의 방법을 찾아낸 것이다.

이 책을 읽은 초등 6학년들의 질문도 같이 살펴보자.

왜 작가는 생쥐를 안 보이게 설정했을까?

만약 눈먼 생쥐가 그냥 생쥐였으면 이야기가 어떻게 되었을까?

왜 작가는 주인공을 생쥐로 했을까?

왜 다른 생쥐들은 코끼리라고 생각하지 못했을까?

왜 생쥐들은 저마다 코끼리의 다른 곳을 갔을까?

하얀 생쥐가 없었다면 코끼리는 무엇이 되었을까?

만약 내가 눈먼 생쥐였다면 어떤 생각을 했을까?

6학년들은 '눈먼 생쥐'에 초점을 두었다. '눈이 멀지 않았다면, 생쥐가 아니었다면 이야기가 어떻게 되었을 것인가? 내가 눈먼 생쥐였다면 어떻게 했을까?'에 집중했다. 짝과 이야기를 나누며 '눈이 멀지 않았다면 이야기가 뻔하다, 내가 눈먼 생쥐였어도 크게 다르지 않을 것 같다.'고 했다. 아이들의 대화가 끝나갈 무렵 물었다.

"얘들아, 너희들의 질문처럼 작가는 왜 생쥐와 코끼리를 주인공으로 했을까?"

"아주 작은 동물과 육지에서 가장 큰 동물로 대비를 이루었어요."

"아~ 그렇다면, 생쥐가 앞이 보인다고 해도 이야기는 가능할 것 같아요."

"생각이 바뀌었네. 왜 생쥐가 눈이 보여도 가능할 것 같아?"

"생쥐가 너무 작으니까 코끼리 다리 앞에 가면 다리만 보일 수도 있을 것 같아요."

"그렇구나. 우리 역시 마찬가지잖아. 생쥐와 같은 경험을 해 본 적이 있니?"

"우리도 피라미드같이 거대한 유적은 한 번에 전체를 다 보지 못해요. 아, 그렇다면 이 눈먼 생쥐는 진짜로 눈이 먼 것이 아닌 눈을 뜨고도 제대로 다 볼 수 없는 한계를 뜻하는 걸까요?"

이런 이야기를 나눈 끝에 아이들은 눈을 뜨고 있는 자신들이 무엇이든 제대로 보고 듣고 느끼려면 어떻게 해야 하는지에 대해 생각하며 에드영 작가의 메시지와 거의 비슷한 의미를 찾았다. 같은 작품인데도 누가 읽느냐, 어떤 질문을 하느냐에 따라 책은 다양한 의미를 갖는다.

이번에는 중등 1학년 아이들의 질문이다.

작가의 의도는 무엇이었을까?
만약에 생쥐가 눈이 멀지 않았다면?
만약에 하얀 생쥐가 처음에 갔어도 코끼리인 것을 알아차릴 수 있었을까?
하얀 생쥐는 어떻게 다른 생쥐들과 달리 다르게 생각했을까?
여러분이라면 이것의 정체를 무엇이라고 생각했을까?
만약에 또다시 똑같은 걸 보았을 때 생쥐들은 다시 코끼리라고 말했을까?
만약에 또다시 다른 걸 만났을 때 생쥐들은 어떻게 했을까?
우리가 생활하면서 일곱 마리 생쥐처럼 행동할 때는 없었을까?

6학년 아이들처럼 '눈먼 생쥐' 설정에서 출발한 아이들은 이내 자신들

역시 눈먼 생쥐와 다르지 않다는 것을 직시했다. 하지만 중등 아이들은 여기서 더 나아가 생쥐들이 '찾아간 순서가 사고에 영향을 미친 것인지'와 '또다시 이런 상황에 맞닥뜨렸을 때 생쥐들이 어떻게 했을 것'인지에 대해 집중했다. 하얀 생쥐가 마지막에 갔기 때문에 종합적, 분석적 사고를 한 것은 아닐까? 하지만 '순서'보다는 '사고하는 방법'이 더 중요하다는 결론에 이르렀다. 또한 우리가 보고 듣는 것에서 자신이 보고 싶은 것만 보고, 듣고 싶은 말만 듣는 성향을 벗어나고자 애써야 한다는 것, 수용하기보다는 비판적 사고를 통해 스스로 탐구해야 하는 것에 대해 토론했다. 그래야 이후에도 다시 이런 상황이 되풀이되었을 때 오류를 줄일 수 있다는 것이었다.

그런 아이들에게 질문을 하나 더 보냈다.

"애들아, 그런데 기둥처럼 튼튼하고, 뱀처럼 부드럽게 움직이고, 낭떠러지처럼 높다랗고, 창처럼 뾰족하고, 부채처럼 살랑거리고, 밧줄처럼 배배 꼬인 게 코끼리밖에 없을까?"

"헉, 설마. 코끼리가 아닐 수도 있다는 걸까요?"

"하지만 여기 그림에 코끼리가 그려져 있잖아요."

"그러니까. 그 그림 때문에 우리가 단정 짓는 것은 아닐까? 그것 역시 고정관념이나 편견은 아닐까?"

"그럴 수도 있겠네요. 그럼 우리가 보고 듣는 것은 얼마나 정확한 걸까요?"

"그럼, 이 동영상을 한 번 볼까?"

아이들에게 '흰 옷 입은 여성은 공을 몇 번 패스할까?'(「빅데이터, 비지니스를 바꾸다」, 다큐멘터리 시사기획 창, 2012. 9.) 동영상을 보여 주었다. 이것은 하버드 심리학과에서 만든 실험 영상으로 흰 옷 입은 여성과 검은 옷을 입은 여성들이 나와서 공을 주고받는 영상이다. 이 영상에는 다른 현상이 숨어 있다. 이들이 공을 주고받는 동안에 커다란 검은 고릴라 한 마리가 나타났다가 사라진다. 그럼에도 이 영상을 보는 사람들 중 절반은 고릴라를 보지 못한다.

주어진 과제에 집중해서 공만 따라가다 보면 십중팔구 놓치기 십상이다. 고릴라를 보지 못한 사람들은 '다시보기'를 하며 고릴라를 발견하고는 '내가 어떻게 화면 정중앙에서 가슴을 두드리는 행동까지 하고 지나간 고릴라를 못 봤을까?'라며 어이없어한다. 우리는 정말 눈먼 생쥐와 다른 걸까?

여기에서 우리는 좀더 깊은 토론 주제로 나아갈 수 있다. 이미 아이들이 말했다. 과연 우리는 보고 싶은 것만 보고, 듣고 싶은 것만 듣고 있지는 않은가? 이러한 심리적 현상을 확증편향이라 한다. 일상에서도 익숙한 것, 내가 관심 있는 것, 내가 궁금한 것만 더 눈에 쏙, 귀에 쏙 들어온다. 이것을 일상이 아닌 사회로 확대해 보자. 뉴스나 온라인 상의 정보 수용에서도 우리는 부지불식간에 내가 믿고 싶은 대로, 나의 생각과 일치하는 정보만 받아들이고, 반대의 것은 제대로 보려고 하지 않는 것은 아닌가?

또한 우리에게 보이는 현상이 전부일까? 우리가 알고 있는 역사적 사건, 현재 화제가 되고 있는 사회·정치·경제·문화적 이슈들의 보이는 면

이면에는 무엇이 있을까? 사건의 현상만이 아니라 본질을 바라보려면 어떻게 해야 하는가? 뉴스를 어떻게 읽어야 할 것인가?

중등 아이들과는 이런 주제에 대해서도 토론하였다. 조금은 더 넓은 주제 질문으로 나아가는 과정은 즐거움과 몰입이 동반자였다. 그 이유는 토론의 출발이 아이들이 만든 질문이었기 때문이다.

하브루타 질문 독서의 가장 중요한 점은 '스스로 질문하라.', '아이들의 질문에서 출발하라.'이다. 그럴 때 아이들은 독서에 성큼 다가선다. 많은 질문이 쏟아진 만큼 책은 다면체가 된다. 이런 하브루타 질문 독서와 토론을 하고 나면 아이들도 어른들도 이렇게 말한다. "이건 4~6세용 그림책이 아니네요." 이 그림책 한 권의 질문 독서가 카프카의 말처럼 우리의 두개골을 때려 깨우고, 내면에 존재하는 얼어붙은 바다를 깨는 도끼가 되었기 때문이다.

모든 책은 보물을 품고 있다. 그런데 저마다 캐낼 수 있는 보물은 각양각색이다. 각각의 책마다 읽는 목적에 따라 방법이 달라질 수도 있다. 책에 따라서, 목적에 따라서 가볍게 통독하거나, 훑어 읽기, 가려 뽑아 읽기 등 다양한 방법으로 접근해야 한다. 하지만 책을 통해 간접 경험을 하고, 내 삶과 연결하여 실천하기 위한 보물을 캐내기 위해서는 스스로 질문하고 그 답을 찾으며 천천히 읽어야 한다. 내가 어떤 질문을 하느냐에 따라 캐낼 수 있는 보석이 달라진다. 하얀 생쥐처럼 다양한 면을 고루 바라볼 수 있는 질문을 만들자. 책을 읽으며 도끼와 같은 '질문'을 스스로 던지기 위해 노력하자. '질문'이 독서를 바꾼다.

읽어 주기와
하브루타를 병행하라

부모가 책을 읽어 주는 것은 자녀에게 사랑한다고 말하는 것입니다. 그리고
어버이의 사랑이 그렇듯 책은 어려운 시기를 헤쳐 나갈 밑거름이며 저력이
되는 것입니다.

－김은하 지음, 『우리 아이 책날개를 달아 주자』(현암사) 중에서

김은하 작가의 말을 빌려 질문한다면, "지금 아이에게 사랑한다고 말
하고 있는가?"라는 말은 "지금 아이에게 책을 읽어 주고 있는가?"라는
질문과 같다. 내가 한창 첫째에게 책을 읽어 주는 기쁨을 누리고 있을 때
읽었던 『우리 아이 책날개를 달아 주자』 책의 말미에 있는 구절이다. 돌

아보면 큰아이를 키우면서 가장 행복했던 시간이기도 하다. 중3이 된 지금은 아주 가끔 책을 읽어 줄 뿐이다. 작년까지는 그래도 간간이 자기 전에 침대에서 고전을 읽어 주기도 하고, 도란도란 이야기를 나누는 시간도 있었는데, 올해는 거의 초등 둘째와만 즐기는 시간이 되었다. 그래도 우리 아이들은 금은보화가 넘쳐 나는 부자보다 더 부자다. 바로 책 읽어 주는 어머니를 두었으니까….

> 당신이 아무리 큰 부자일지라도
> 그래서 금은보화가 넘쳐 날지라도
> 결코 나보다 부자가 될 수는 없어요.
> 내겐 책 읽어 주는 어머니가 있으니까요.
> ─스트릭랜드 길리언, 「책 읽어 주는 어머니」(짐 트렐리즈 지음, 눈사람 옮김,
> 『하루 15분 책 읽어 주기의 힘』, 북라인) 중에서

자녀를 세상 그 어떤 부자보다도 부자가 될 수 있게 하는 비법은 책을 읽어 주는 것이다. 부모가 자녀에게 책을 읽어 주는 그 행복한 순간이 아이들에게 그대로 전해져 훗날 우리 아이들도 자신의 자녀에게 책을 읽어 줄 테니 대를 이어 부자가 되는 비법이다.

나는 그저 한 가지 이유로 책을 읽어 주었다. 아버지께서 내게 책을 읽어 주셨는데, 그 좋은 느낌이 잊히지 않았기 때문이다. 나는 우리 아이들에게 그 느낌을 전하고 싶었다. 그래서 아이들에게 매일 밤 책을 읽어 주었다.

-짐 트렐리즈 지음, 눈사람 옮김, 『하루 15분 책 읽어 주기의 힘』(북라인) 중에서

나는 짐 트렐리즈의 이 말을 잊을 수 없다. 보고 배운 대로 하는 것이 세상에서 가장 쉽다. 부모가 책을 읽어 주었을 때의 좋은 느낌이, 자신이 부모가 되었을 때 아이에게 전해 주고 싶은 느낌이 된다는 것. 그것이야말로 최고의 대물림이자 유산이다.

매일 밤, 최고의 유산을 물려주고 있다면 '읽어 주기'에서 한 발짝 나아가서 질문하고 이야기하는 하브루타를 병행해 보자. 자녀가 어리다면 어쩌면 지금 책을 읽어 주며 아이의 폭풍 같은 질문에 시달리는 가정도 있을 수 있다. 이 경우라면 아이가 하는 질문의 방향과 깊이를 잘 관찰해 보자. 아이들의 멋진 질문에 감탄하고 공감하며 다양한 답을 함께 상상하고 즐기면 된다. 공감과 상상이 잘 이루어지면 한 발짝 더 나아가 논리적인 추론을 담은 답을 함께 찾아보는 과정도 좋다. 책을 읽어 주며 질문하고 이야기하는 하브루타의 출발점은 즐거움과 공감이다. 지금 아이가 충분히 질문하고 있다면 주도권을 아이에게 주고 부모는 그냥 따라가기만 하면 된다.

주의할 점은 아이의 질문에 '정답'을 말해 주지 말라는 것이다. 부모가 정답을 말해 주는 순간 아이는 더 이상 생각할 필요가 없다. 책을 읽으며 질문하고 이야기하는 하브루타를 병행하는 것은 아이의 사고력과 토론 능력을 은연중에 기르며 일상의 하브루타를 체화하는 데 목적이 있다.

아이의 질문에는 다시 질문으로 되돌려 주자. '혹부리 영감' 이야기를

읽어 주고 있는데, 아이가 "혹부리 할아버지는 왜 무서웠을까?"라고 물으면, "혹부리 할아버지가 무서워하는 걸 어떻게 알았어?" 하고 되물어 주어 아이가 자신의 생각을 말로 표현할 수 있게 해 주는 것이 중요하다. 물론 내용을 이해하는 데 꼭 필요한 질문을 했을 때는 당연히 답을 이야기해 주어야 한다. 이 경우도 즉답해 주기보다는 아이와 추론하며 답을 알게 해 주면 더 좋다.

만약 아이가 질문을 전혀 하지 않거나 질문과 토론을 거부한다면, 그동안 책을 읽으며 어떤 대화를 해 왔는지, 어떻게 읽어 주었는지 다시 돌아보아야 한다. 책을 읽어 준 다음에 아이에게 '예, 아니오.'로 답하는 질문이나 정답을 말하는 질문을 주로 해 왔다면 질문과 토론에 대한 기억이 좋지 않을 수도 있다. 다시 시작한다 생각하고 아이의 생각과 느낌을 묻는 질문으로 조금씩 시도하자. "너는 어떤 장면이 가장 마음에 들었니?", "가장 재미있는 장면은 어디였어?" 등과 같이 아이의 생각과 느낌을 물어보는 질문, 답이 여러 가지인 질문을 한두 개씩 물어보자. 그 질문에 대한 답도 부담스러워하면 부모가 먼저 다양한 답을 말하며 보여 주면 된다. 그러면 아이가 부담을 덜 갖고 이야기를 나눌 수 있다. 이런 질문에 익숙해지고 편안해지면 읽어 준 책이나 이야기에 대해 각자 떠오른 질문을 주제로 이야기를 나눠도 좋다.

좋은 습관을 만드는 가장 좋은 방법은 매일 지속하는 것이다. 잠자기 전 책 읽어 주는 시간에 적용하는 질문과 대화를 통해 책 읽는 방법, 질문하는 방법, 대화하고 토론하는 방법을 배우는 동시에 책 읽는 습관을 만들 수 있다. 유대인 부모들은 일상이 질문과 토론이고, 이를 통해 배우게

한다. 우리도 매일 책을 읽어 주는 시간에 질문과 토론을 곁들여 실천해
보자.

잠자기 전에 이야기를 읽어 주는 부모는 최고의 창의력 파트너이지만,
책을 읽으며 질문하고 하브루타하는 부모는 최고의 사고력, 토론 파트너
가 될 수 있다.

04

하브루타 질문 독서가
최고의 인성 교육이다

"하브루타 독서 토론은 자기반성이다. 왜냐하면 주인공에 대한 생각이나 느낌이 자신에게도 적용되어 '나는 어떠한가?'로 연결해 한 번 더 돌아보게 하기 때문이다."

"하브루타 독서 토론은 내 행동을 돌아보는 시간이다. 왜냐하면 '헌신적인 친구'라는 글을 읽고 토론하면서 '나는 다른 친구에게 어떤 존재일까?'라는 질문과 토론을 하며 나의 잘못된 행동을 돌아보고 반성할 수 있었기 때문이다."

"하브루타 독서 토론은 보이지 않는 선생님이다. 왜냐하면 선생님처럼 무언가를 가르쳐 주기 때문이다."

중학생들이 하브루타 독서 토론에 대해 표현한 것들이다. 아이들은 하브루타 독서 토론을 통해 자신의 삶, 자신의 행동과 말을 돌아보며 스스로 성찰하는 과정을 겪는다. 이러한 과정을 겪는 이유는 '나는 어떠한가? 나는 다른 친구에게 어떤 존재일까?'와 같이 스스로 이야기와 삶을 연결하는 적용 질문을 했기 때문이다. 다른 사람이 자신에게 묻는 질문보다 더 강력한 힘을 발휘하는 것이 스스로에게 던지는 질문이다. 그래서 하브루타 질문 독서와 토론은 언제나 스스로 성찰하는 인성 교육 과정으로 연결된다.

이미 익숙한 전래동화인 「훈장님과 꿀단지」를 통해 아이들과 어떤 도덕적인 대화를 나눌 수 있을까? 뻔한 교훈을 들려주지 않고도 아이의 질문으로 생각할 거리가 있는 대화를 나눌 수 있을까? 우선은 질문 독서를 직접 경험해 볼 겸 스스로 질문을 만들어 보자. 어떤 질문이든지 괜찮다. 그런 가운데 이야기와 자신의 경험과 삶을 연결 짓는 질문을 1개라도 만들어 보기를 권한다. 둘째 아이에게 들려준 그대로 옮겨 본다.

옛날 어느 마을에 서당이 있었어. 이 서당의 훈장님은 꿀을 무척 좋아했어. 너무 좋아해서 아이들 몰래 벽장에서 꿀단지를 꺼내 꿀을 먹곤 했지. 그런데 하루는 아이들에게 이 모습을 들키고 말았어.

"훈장님, 그게 뭐예요?"

"약이다."

당황한 훈장님이 말했어.

"약이요?"

"그래. 어른이 먹으면 힘이 나는 약이다. 그러나 아이들이 먹으면 죽는다. 그러니까 너희들은 먹으면 안 된다. 알겠지?"

훈장님이 엄하게 말했어.

어느 날 훈장님이 갑자기 건넛마을에 갈 일이 생겼어. 아이들만 두고 서당을 비우게 되었어.

"내가 갔다 올 때까지 얌전히 있어야 한다. 벽장 안에 있는 단지는 손대지 마라. 아이들이 먹으면 죽는 약이다. 절대로 먹으면 안 된다."

훈장님은 꿀단지가 걱정되어 신신당부를 하고 서당을 나섰지.

아이들은 훈장님이 나가자마자 모두 벽장으로 몰려갔어. 단지를 내려놓고 들여다보니 맛있는 꿀이 가득 들어 있었어.

"우와. 꿀단지였어. 달콤한 꿀!"

아이들은 너도 나도 한 숟가락씩 떠먹었지. 정신없이 먹다 보니 꿀단지에 꿀이 하나도 안 남았어. 그제야 아이들은 훈장님께 혼날까 봐 걱정이 되었지.

그때 개똥이가 말했어.

"얘들아, 걱정 마. 나한테 좋은 생각이 있어."

그러더니 개똥이는 훈장님이 아끼시는 벼루를 땅바닥에 확 내동댕이쳤어. 벼루는 산산조각이 났지. 아이들은 모두 눈이 휘둥그레졌어. 훈장님이 아끼시는 꿀도 다 먹었는데, 벼루까지 깼으니 정말 큰일이잖아.

그런데도 개똥이는 웃으며 말했어.

"너희들은 걱정하지 마. 대신 다들 훈장님이 오시면 정말 잘못했다고 엉엉 울어."

드디어 훈장님이 돌아왔어. 그런데 서당 아이들은 모두 엉엉 울고 있고, 바닥에는 훈장님이 아끼는 벼루가 산산조각이 나 있었지. 훈장님은 깜짝 놀라서 대체 이게 무슨 일이냐고 물었어.

그랬더니 개똥이가 말했어.

"훈장님. 저희가 놀다가 훈장님이 아끼시는 벼루를 깼어요. 훈장님께 너무 죄송해서 죽으려고 벽장의 단지를 꺼내 죽는 약을 먹었어요. 그런데 죽지는 않고 배만 아파서 이렇게 울고 있어요. 정말 죄송해요."

이 말을 들은 훈장님은 할 말이 없었어. 거짓말이 들통 났으니 꿀을 다 먹었다고 화낼 수도 없고, 벼루를 깼다고 야단을 칠 수도 없고.

이야기의 끝은 어떻게 될까?

「훈장님과 꿀단지」 이야기를 듣고 떠오르는 질문을 직접 써 보자. 자녀와 함께 질문을 만들어 봐도 좋다.

나의 질문 1. _____

나의 질문 2. _____

나의 질문 3. _____

나의 질문 4. _____

나의 질문 5. _____

질문이 잘 생각나지 않을 수도 있다. 늘 궁금해서 하는 질문보다는 '정답'을 말해야 하는 질문을 받아 본 경험이 더 많은 우리에게는 스스로 하는 질문이 어려울 수밖에 없다. 게다가 전래동화는 늘 우리에게 익숙하고 뻔한 교훈이 있는 이야기이다. 이야기를 읽으며 '그렇구나.' 하고 수용하기만 했지, '왜?'라는 질문을 해 본 적이 별로 없으니 당연하다. 수용적 사고에서는 질문이 생겨나기 어렵다. 하지만 연습하면 '질문'은 점점 쉬워지고, 더 좋은 질문으로 나아갈 수 있다. (질문하는 방법에 대해서는 2장에서 따로 다루었다.)

다시 전래동화 이야기로 돌아가자. 이야기에 쏙 빠져 들던 둘째 아이는 "그러게. 진작 사실대로 말하지. 아니면 집에 두고 꿀을 먹지, 왜 굳이 서당에서 먹었을까?"라고 질문했다. 질문과 토론이 제법 익숙해진 둘째 아이의 첫 번째 질문을 시작으로 우리는 질문을 더 주고받았고, 그 질문을 다음과 같은 순서로 배치해 함께 이야기를 나누었다.

질문 1. 훈장님은 혼자 꿀을 맛있게 먹는 더 좋은 생각을 할 수는 없었을까?
질문 2. 내가 서당의 아이라면 꿀을 먹었을까?
질문 3. 벼루를 깬 개똥이의 행동은 옳은 걸까?
질문 4. 나라면 꿀을 다 먹어 치운 후에 어떻게 했을까?

"쭌이 질문부터 얘기해 볼까? 훈장님은 혼자 꿀을 맛있게 먹는 더 좋은 생각을 할 수는 없었을까?"

"나라면 아이들이 볼 수 없는 곳에서 꿀을 먹었을 것 같아요. 서당이 아닌 집에 두고 먹어도 되고. 그러면 훈장님도 마음 편안하게 먹을 수 있고, 아이들도 궁금해하지 않았을 거예요."

"그렇구나. 좋은 생각이야. 그러지 못할 만큼 엄청 꿀을 좋아하신 걸까? 훈장님이 애초에 사건의 빌미를 제공했지. 그래서 탈무드에는 이런 이야기가 있대. 정직한 사람을 위해서 빈집의 문을 꼭 잠가 두어야 한다고. 왜 그럴 것 같니?"

"왜요?"

"예를 들면, 네가 길을 가는데 조금 열린 문틈에 뭐가 보여. 넌 어떨 것 같아?"

"궁금하고 호기심이 생길 것 같아요. 하지만 들어가면 안 된다는 것도 알아요."

"그래. 우리 모두가 알고 있는 거야. 그런데 열린 문틈으로 보이는 게 너무 신기하거나, 갑자기 안이 궁금해져서 혹시나 잠깐 그곳에 들어갈 수도 있을까?"

"너무 궁금하면 그럴 수도 있을 것 같아요. 호기심이 생기면 나도 참기 어려울 때가 있거든요."

"빈집의 문을 꼭 잠가 두라는 말은 네가 말한 것처럼 호기심을 가진 누군가가 실수를 저지르지 않도록 문단속을 잘해야 한다는 의미지. 그런데 훈장님은 아이들이 있는 곳에서 몰래 먹으면서 자꾸만 아이들의 호기심을 자극했잖아. 네가 말한 대로 아이들이 없는 곳에서 먹었으면 훈장님이 거짓말을 할 일도 없고, 아이들이 궁금해할 일도 없었을 텐데…. 그래서 선한 사람, 정직한 사람이 그 정직함을 유지할 수 있도록 도와주는 것 또한 지혜로움이라는 거지. 그런데 그런 호기심을 이기지 못하고 훈장님의 꿀을 먹은 건 옳은 걸까? 너라면 꿀을 먹을 거니?

"아니오. 저는 안 먹을 거예요."

"진짜? 다른 친구들이 다 먹는데, 너 혼자 안 먹을 수 있어?"

"고민은 될 것 같아요. 친구들이 맛있게 먹으면 나도 먹고 싶기도 하고."

"그런 걸 군중심리라고도 해. 많은 사람이 함께하면 그게 비록 나쁜 행동이라도 따라 하기 쉬워지거든. 그래서 우리는 늘 그런 부분을 경계해야 돼. 그러려면 어떤 노력을 해야 할까?"

"자율의 미덕을 깨워야 할 것 같아요. 자신을 스스로 통제하는 것이요. 중용도 필요한 것 같아요. 서당 아이들이 꿀을 맛보기만 했다면 문제는 더 커지지 않았을 거예요. 그런데 너무 맛있어서 중간에 멈추지 못하고 계속 먹어서 꿀을 다 먹어 버린 것 때문에 일이 더 커졌어요."

"맞아. 그런데 혼나지 않으려고 벼루를 깬 개똥이의 행동에 대해서는 어떻게 생각해?"

"옳지 않은 행동이에요. 훈장님이 아끼는 벼루를 일부러 깼으니까요. 하지만 개똥이의 행동 때문에 훈장님은 자신이 먼저 거짓말한 것을 깨닫게 되었으니까 장점도 있어요."

"엄마도 쭌이 생각에 동의해. 아무리 훈장님이 먼저 거짓말을 했다고 해도 훈장님이 아끼는 벼루까지 깨 버리는 행동은 개똥이의 생각이 짧았던 것 같아. 훈장님의 잘못을 알게 하는 더 지혜로운 방법을 생각해 볼까?"

"저라면 그냥 사실대로 말했을 것 같아요. 사실대로 말해도 훈장님이 거짓말한 게 부끄러워서 혼을 못 낼 것 같아요."

"우와. 사실대로 고백한다는 건 엄청 용기 있는 행동이야. 우리 쭌이도 실제로 그렇게 행동해 본 적이 있었니?"

옛날이야기를 들려주고만 끝났거나, 우리가 배워 온 대로 이야기의 교훈을 일방적으로 들려주고 끝났다면, 나는 둘째 아이와 이런 대화를 나눌 기회가 없었을 것이다. 이 전래동화는 주로 '거짓말을 하면 안 된다.', '거짓말에 거짓말로 응수한 재치'에 대한 교훈으로 언급된다. 그렇지만 우리는 뻔한 거짓말에 대한 이야기가 아닌 훈장님과 개똥이의 행동에 더 다양한 도덕적 질문을 던지고, 자신을 대입하고 연결해서 이야기를 나눴다. 이를 통해 진정한 지혜로움과 용기, 자율과 중용의 미덕이 왜 필요한지에 대해서 생각을 나눌 수 있었다.

이외에도 「훈장님과 꿀단지」를 통해 더 나눌 수 있는 가치, 판단 질문은 다양하다. "나는 훈장님처럼 임기응변으로 거짓말을 한 후에 후회해 본 적이 있는가?", "훈장님이 거짓말을 했다고 해도 꿀을 먹는 행위는 정당한가?", "무작정 친구들을 따라 같은 행동을 해 본 적이 있는가?", "만약 서당에서 딱 한 아이만 꿀을 먹지 않았다면, 친구들은 그 아이를 어떻게 생각할까?", "눈에는 눈, 이에는 이에 대해 어떻게 생각하는가?" 등의 질문으로 더 꼬리를 물고 나아갈 수 있다.

책을 읽고 질문을 하다 보면 결국에는 '어떻게 하면 잘 살 수 있는가?

어떻게 하면 옳은 선택을 하는가?' 등의 질문으로 귀결되는 경우가 많다. 콜버그의 유명한 도덕성 실험인 '하인즈의 딜레마'와 같은 상황을 꾸준히 맞닥뜨리게 되는 것이다. 이러한 도덕적 딜레마를 꾸준히 연습하고 체득하는 것은 민감한 도덕성을 키우는 데 도움이 될 뿐만 아니라 스스로의 행동과 말에 대해 끊임없이 질문하는 성찰적 자아의 발달을 돕는다.

이외에도 나는 질문 독서 후 마무리 과정에서 '버츄(Virtue, 미덕) 프로젝트'를 접목해 '미덕 단어'를 찾고 적용한다. 버츄 프로젝트는 1970년대에 정신치료 전문가였던 린다 캐벌린 포포프(Linda Kavelin Popov)가 만든 인성 교육 프로그램이다. 인류 사회의 다양한 정신적 유산에 공통으로 등장하는 미덕 중 52가지의 미덕을 선별하여 삶 속에서 내면의 미덕을 강화시키는 5가지 전략을 수립하고 관련 프로그램을 개발했다.

버츄 프로젝트는 현재 전 세계 100여 개 나라에서 인성 교육 프로그램으로 활용되고 있고, 1994년에 UN으로부터 '전 세계 모든 가정에서 활용할 수 있는 (인성 교육) 프로그램의 전형'이라는 찬사를 받았다. 우리나라에도 한국버츄프로젝트를 통해 전파되고 있다.

내가 버츄 프로젝트에 강력하게 이끌린 이유는 한 문장 때문이었다.

모든 사람의 인성의 광산에는 모든 미덕의 보석이 박혀 있다.
-한국버츄프로젝트 펴냄,「버츄 프로젝트 워크숍 워크북」중에서

버츄 프로젝트의 기본 철학을 말하는 이 문장은 내가 하브루타를 실천

하면서 내내 생각하던 것과 연결되었다. 하브루타를 접하면서 교육을 의미하는 'education'의 어원이 '밖에서 안으로 집어넣는 것'이 아니라 '안에서 밖으로 끌어내는 것'이라는 의미를 경험으로 깨달았다. 또 하브루타를 통해 아이들의 질문과 답을 경청하면서 아이들이 결코 작은 존재가 아니고, 그 안에 커다란 힘을 가진 존재라는 생각을 끊임없이 깨닫던 중이었기에 버츄 프로젝트는 내게 더 큰 울림이 되었다.

나는 미덕을 곧장 내 삶에, 나의 독서에 적용하기 시작했다. 내가 체화한 만큼이라도 '미덕'을 적용해 나에게, 가족에게, 내가 만나는 교육 현장의 아이들에게 도움이 되고 싶었다. 특히 중학교 자유학기제 수업에서는 아이들이 버츄 카드에 쓰인 아름답고 정제된 언어를 읽어 보기만 해도 좋겠다는 생각을 했다. 1차 목표는 미덕의 언어에 가능한 한 많이 노출되는 것이었다. 아이들이 일상에서 쓰는 언어의 빈약함과 난폭함을 알기에 더욱 절실했다. 2차 목표는 도덕 교과서에 존재하는 미덕 단어가 독서와 하브루타를 통해 아이들의 삶에서 살아 움직이며 실천할 수 있는 일상의 미덕 단어가 되기를 희망했다. 더 나아가 아이들 스스로 자신을 가치 있게 여기고, 소중하게 여기는 자존감을 높이는 데 도움이 되고 싶었다.

먼저, 버츄 프로젝트의 52가지 미덕을 천천히 읽어 보자.

감사	결의	겸손	관용
근면	기쁨함	기지	끈기
너그러움	도움	명예	목적의식
믿음직함	배려	봉사	사랑

사려	상냥함	소신	신뢰
신용	열정	예의	용기
용서	우의	유연성	이상 품기
이해	인내	인정	자율
절도	정돈	정의로움	정직
존중	중용	진실함	창의성
책임감	청결	초연	충직
친절	탁월함	평온함	한결같음
헌신	협동	화합	확신

"미덕 단어를 읽고 나면 느낌이 어떤가요?"라고 물으면 다들 비슷한 대답을 한다. "가슴이 따뜻해져요. 참 좋은 단어들만 모여 있어요." 아이들도 마찬가지이다. 아이들에게 한마디 더 묻는다. "얘들아, 우리 안에 이 52가지의 미덕이 다 있을까?" 아이들은 답은 대부분 "아니오."다. 그런 아이들에게 말해 준다.

"모든 사람의 인성의 광산에는 모든 미덕의 보석이 박혀 있대. 다만 원석으로 있어서 그걸 못 알아보기도 해. 하지만 중요한 건 이 52가지의 미덕 그 이상의 미덕들이 우리 안에 있다는 거야. 이 미덕들 중에는 이미 빛나는 다이아몬드가 되어 늘 빛나는 미덕도 있고, 원석을 캐내어 빛나는 다이아몬드로 연마해야 하는 미덕이 있을 뿐이란다."

이 말을 들은 아이들은 처음에는 머뭇대지만 이어지는 자신의 미덕 찾기, 친구의 미덕 찾아 주기 활동을 통해 금세 깨닫는다. 자기 안에 빛나는 미덕이 있다는 것을. 그리고 그것을 친구가 발견해 주고 자신이 스스로 발견할 때의 기쁨과 뿌듯함을 느낀다. 이날 버츄 프로젝트를 기반으로 한 하브루타 수업 후에 한 고등학생이 이런 말을 남겼다.

"오래 먹어도 없어지지 않을 양식을 얻은 느낌이다."

이 문구를 읽으며 눈물이 났다. 그리고 고마웠다. 내가 준 것보다 스스로 더 큰 것을 찾아내어 더 크게 성장해 갈 힘을 깨달아 주어서. 이처럼 강력한 미덕의 힘과 효과에 대해서 더 자세히 알고 싶다면 권영애 교사의 책 『그 아이만의 단 한 사람』, 『버츄 프로젝트 수업』을 읽거나, 한국버츄프로젝트에서 진행하는 버츄 워크숍을 추천한다. 버츄 프로젝트 역시 하브루타처럼 직접 경험하고 체화해야 하는 영역이기 때문이다.

다시 독서와 미덕의 연결점으로 돌아가 보자. 나는 하브루타 독서 토론 후 마무리 부분에서 각자의 깨달음, 느낀 점, 실천다짐 등의 메시지를 찾을 때 '버츄(미덕) 찾기'를 함께 진행한다. 등장인물의 빛나는 미덕 찾기나 성장에 필요한 미덕 찾기, 주제와 연결 지은 미덕 찾기 등을 진행한 후 그 미덕을 찾은 이유에 대해 책 속 이야기와 연결하여 논리적인 근거를 제시하게 한다. 그리고 내가 찾은 미덕 카드의 내용을 필사하거나 낭독하기, 나만의 미덕 정의하기, 나의 생활 속 미덕을 깨우기 위한 실천다짐 등을 병행하기도 한다.

이렇게 진행한 결과, 둘째 아이가 「훈장님과 꿀단지」 토론에서 자연스럽게 '자율, 중용'의 미덕을 연결 지어 말할 수 있었던 것이다. 독서 후 마무리 과정에서 '버츄(미덕) 찾기'를 하는 것은 아이들로 하여금 미덕의 언어를 되새기게 하고, 미덕의 언어로 말하게 하고, 미덕을 삶과 연결 짓게 하는 데 큰 효과가 있다. 또 하나 이 과정을 통해 아이들은 어떤 대상에서든 그가 가진 '미덕'을 찾아낸다. 이 과정은 미덕의 눈으로 대상을 바라보는 긍정적이면서도 따뜻한 시선을 가진 인간관을 갖는 데 도움이 된다.

아이들은 질문 독서를 통해, 책 속에서 스스로 꺼낸 질문으로 '도덕적 딜레마' 상황으로 들어간다. 그 안에서 더 깊은 질문과 토론으로 충분히 성찰하면서 성장할 수 있다. 다만 우리는 아이들에게 그 시간과 기회를 주지 않을 뿐이다. 교훈과 훈계를 반복하며 잔소리하는 대신에 아이와 함께 질문 독서한 후에 하브루타 독서 토론을 하자. 52개의 미덕 단어를 우리 안에 빛나게 하는 방법을 질문 독서를 통해 찾아보자. 이 시간만으로도 가정의 인성 교육은 충분하다.

05

하브루타 독서 토론은
비경쟁 토론이다

초겨울이었다. 어둠이 깔린 고등학교 운동장을 지나 도서관에 올라가니 남학생들이 속속 도착하고 있었다. 남학생들로 점점 가득차고 있는 도서관에서 사서교사가 살포시 귀띔했다. "애들이 토론이라는 걸 무척 부담스러워하면서 어떻게 하는 토론이냐고 자꾸 물었어요." 살짝 놀랐다. 요즘 아이들은 학교 수업에서 다양한 형식의 토의 토론, 디베이트 등을 자주 경험하는데 토론에 대한 부담감이 크다니….

알고 보니 경쟁적 토론에 대해 부담을 느낀 것이었다. 우리 아이들은 경쟁 속에서 산다. 그러니 야간자율학습 시간에 하는 독서 토론까지 경쟁적으로 토론해야 하는 것으로 생각해서 미리 부담을 가졌던 것이다.

그날 독서 토론을 시작하면서 나는 먼저 '하브루타 독서 토론은 경쟁적 토론이 아니라 비경쟁 토론'이라며 아이들을 안심시켰다. 아이들의 표정이 한결 밝아진 걸 확인하고 시작한 2시간의 하브루타 독서 토론은 과정과 결과가 무척 좋았다.

스스로 만든 질문을 짝의 질문과 공유할 때 "와~, 네 질문 정말 좋다. 어떻게 이런 질문을 했지?" 하는 감탄이 흘러나오고, 그 질문에 대한 답을 찾을 때는 "그렇게 생각할 수도 있구나. 정말 좋은 생각이야."라며 서로의 생각을 격려하고 공감했다. 하나의 질문에서 또 다른 질문으로 토론을 넓혀 가는 아이들의 모습은 바라보는 것만으로도 행복했다. 수업을 마친 뒤에도 남아서 더 묻고, 자신의 의견과 다양한 메시지를 제시하는 모습이 무척 대견했다. 과정이 즐거웠던 만큼 아이들의 소감도 훈훈했다.

"자신의 이야기를 다른 사람과 허물없이 나누면서 마음이 시원해질 수 있고, (이런 과정을) 즐길 수 있다는 것을 알게 되었다."

"나 혼자만 생각하는 것이 아니라 함께 생각하고, 함께 깨닫는다는 것을 알게 되었다."

이것은 하브루타 독서 토론을 경험한 초등학생부터 성인까지 공통된 소감 중의 하나이다. 경쟁적 토론을 부담스러워하는 것은 비단 고등학생만이 아니기 때문이다. 어른도, 초등학생도 부담스러워한다. 우리는 너무 오래 '경쟁'적인 분위기 속에서 살아왔기 때문이다.

그래서일까? 최근 들어 비경쟁 독서 토론이 많은 관심을 받고 있다. 내가 비경쟁 독서 토론이라는 단어를 처음 접한 것은 홍천여고 서현숙 국어교사의 글을 통해서였다. 당시『학교도서관저널』을 통해 서현숙 교사는 '비경쟁 독서 토론은 디베이트에 대한 상대적인 의미'라고 표현했다. 그 글을 읽으며 '하브루타는 어떤 쪽일까?' 생각해 봤다. 결론은 하브루타 역시 비경쟁 토론이었다.

비경쟁 독서 토론은 경쟁하지 않고 협동하는 토론이다. 주어진 논제에 대해 토론하는 것이 아니라 토론자들이 스스로 질문을 만드는 토론이며 토론하기 위해 질문을 만드는 것이 아니라, 질문을 만들기 위해 토론하는 것이다. 경쟁하지 않을 수 있는 이유는 진실하게 말하기 때문이다. 진실하게 말을 한다는 것은 내 이야기를 하는 것이다. 저자의 의도나 서평가의 글을 외워서 말하는 것이 아니라 내 느낌, 내 경험, 내 반성, 내 실천 등에 대한 이야기를 하는 것이다.
-이경근,『학교도서관저널』(2017년 12월호)에서

『학교도서관저널』에 실린 책 읽는 사회문화재단 이경근 이사의 글이다. 실제로 내가 참여해 본 비경쟁 토론은 협동하는 토론은 물론 자유롭게, 경쟁하지 않고 내 생각, 내 경험, 내 느낌 등에 대한 이야기를 하는 것이 하브루타와 같았다. 토론자들이 만든 '질문'이 그 중심에 있는 것도 같았다. 같으면서도 다소 다른 점은 하브루타는 스스로 혹은 짝과 함께 질문을 만들어 그 질문에 대한 다양한 해답을 찾기 위한 토론을 진행한다면, 비경쟁 토론은 위의 글과 같이 질문을 만들기 위해 토론을 한다. 그룹으로 모여서 함께 토론을 하면서 하나의 질문을 만들어 내고, 그 과정에서 다양한 생각을 주고받는다. 이 역시 하브루타에서 질문을 짝과 함께 만들거나 짝 토론에서 모둠 토론으로 확대했을 때, 질문을 조합하고 재정리하면서 하나의 질문으로 만들어 가는 과정과 일맥상통한다. 그러나 뭐니 뭐니 해도 공통점은 서로 경쟁하지 않고, 협동하고, 상생하는 토론이라는 점에서 같은 맥락으로 이해되었다.

비경쟁 토론이라는 점은 가족 독서 토론에서 더욱 좋은 조건이다. 하브루타 가족 독서 토론은 가족 안에서 서로의 의견이 옳다, 그르다 경쟁하고, 논쟁하는 것이 아니라 '너의 생각도 옳다, 나의 생각도 옳다.'며 서로의 의견을 존중하고 이해하는 데 초점을 맞춘다. 부모와 자녀가 함께 어우러져 서로 눈을 맞추고 서로의 질문에 다양한 답을 찾으며 생각을 나누는 과정이 가장 핵심이다.

"가족 하브루타를 하면서 아이에게 온전히 집중할 수 있어서 좋았다. 내 아이의 말에 이렇게 귀 기울였던 시간이 언제였는지 기억이 나지 않는다. 오늘 이 시간을 통해 아이의 눈을 바라볼 수 있어서 행복한 시간이었다."-부모

"기회가 된다면 계속 가족 하브루타 독서 토론에 참여하고 싶다. 재미있는 프로그램이다. 별 무한대."-초등 자녀

"형이 세심한 생각과 깊은 질문을 하다니, (형의) 새로운 모습을 보게 되었다." -초등 자녀

"아이와 매일 일상적인 얘기만 하다가 그림책을 읽고 공감하고 소통하는 시간이 참 좋았다." -부모

하브루타 가족 독서 토론을 진행한 현장에서 들은 목소리는 이처럼 생기가 가득하다. 부모들은 아이들의 질문과 생각에 놀라면서 감동하고, 아이들은 자신의 생각을 부모에게 말할 수 있어서 행복해한다.

피터 H. 레이놀즈의 『느끼는 대로』 그림책으로 가족 하브루타 독서 토론을 진행했을 때, 한 가족의 딸은 "우리 엄마 아빠는 일할 때 어떤 느낌일까?"라는 질문을 했다. 맞벌이로 열심히 일하며 키운 큰딸의 이 질문에 엄마 아빠는 깊은 감동을 받았다. 그날 아빠는 "내가 생각했던 것보다 생각이 많은 아이라는 것, 본인의 생각을 잘 표현하는 아이라는 것을 알게 되었습니다."라며 일상에서 하브루타 가족 독서 토론의 필요성을 느꼈다고 했다. 이날은 총 4시간을 진행한 날이었는데, 초등학생들의 후기에서 '별 무한대'와 "4시간이 너무 빨리 지나갔다."는 후기가 나올 정도였다.

이처럼 가족 하브루타 독서 토론은 '비경쟁'이기에 더 편안하다. 형식에 얽매일 필요가 없어서 더 자유롭다. 함께 읽은 책에 대한 각자의 질문으로 서로의 생각을 꼬리에 꼬리를 물며 나누면 된다. "네 생각은 어때?", "그렇게 생각한 이유는 무엇이니?"하고 묻고, 진실되게 경청하면 된다. 물론 이 과정을 통해 다양한 해답을 책의 내용과 연결지어 '일리 있게, 논

리적으로 이유 있게' 말할 수 있도록 꾸준히 연습을 해야 한다. 다양한 의견 나누기가 진행된 이후에는 저절로 각자의 의견이 더 설득력이 있다고 주장할 수도 있게 된다. 더 타당한 의견, 더 설득력 있는 의견을 가려내는 토론도 필요하다. 여기서 더 나아가면 하브루타 독서 토론에서도 '찬반 논쟁 하브루타'를 진행할 수 있다.

하브루타의 찬반 논쟁은 이기고 지는 경쟁적 논쟁이 아니라 최선의 답을 찾기 위한 협동적 논쟁이다. 하지만 자신의 의견을 주장하고, 설득해야 하고, 상대방의 주장에 대해 반론을 펼쳐야 하기 때문에 자칫 감정이 상하기도 한다. 토론과 논쟁이라고 머리로는 알고 있어도 아이도, 부모도 논리적이기보다 감정적으로 치우쳐 언쟁이 될 수도 있기 때문이다. 그만큼 우리에게는 논쟁이 익숙하지 않다.

하브루타 독서 토론을 통해 생각의 유연함과 논리적 대화와 토론에 익숙해지는 것이 우선이다. 하지만 계속 여기에 머무르면 발전이 있을 수 없다. 생각을 더 날카롭게 하고, 확장하는 가장 좋은 방법은 논쟁이기 때문이다.

의외로 아이들은 이 논쟁을 훨씬 더 재미있어 한다. 다만 자신의 주장에 대한 논리적인 근거나 사례를 제시하는 데 부족함과 실수가 많다. 가족끼리 진행할 때는 이런 부분에 대해 지적하기보다는 개선하기 위한 방법을 찾으며, 함께 논거를 찾는 연습을 하며 논쟁하면 즐거운 가운데 성장할 수 있는 시간이 된다. 또한 찬성과 반대, 양쪽 입장을 모두 경험하게 해 보는 것이 중요하며, 이 양쪽 경험을 통해 최선의 해결 방안을 찾는 마무리 과정까지 꼭 거쳐야 한다. (찬반 논쟁은 145쪽 참고)

가족 간의 입장 차이를 찬반 하브루타로 진행하면 서로의 입장에 대해 더 깊이 이해하게 된다. 하브루타 가족 독서 토론은 가족 간의 경쟁이 아니라 상생으로서 서로의 생각이 더 깊어지도록, 날카로워지도록 돕는 토론이다. 이를 통해 가족 간의 정서적 유대감과 사고력 발달, 문제 해결 능력을 키울 수 있다. 경쟁이 아닌 협동 토론, 가르치지 않는 토론, 서로가 서로에게 배움을 주고받는 동등한 하브루타 가족 독서 토론. 경쟁을 넘어 상생의 대화가 주는 행복과 즐거움은 그 무엇과도 바꿀 수 없는 것이다.

06

하브루타 독서 토론이
사교육을 이긴다

아이가 어릴 때는 독서에 신경 쓰는 부모가 많다. 영유아 시절, 베갯머리 독서를 실천하는 부모도 많다. 초등학생 때까지는 '독서' 시간을 많이 안배하고 '독서록'을 비롯해 자녀의 독서를 챙긴다. 하지만 아이가 초등 고학년이 될수록 독서에 대한 관심은 점점 약해지고, 중·고등학생이 되면 영·수 학원과 내신 성적을 관리하느라 책을 읽을 시간이 없다고 아쉬워만 한다. 이런 상황이 너무 안타깝다.

나는 백일도 안 된 아이들에게 처음 그림책을 읽어 줄 때는 혼자 떠들었다. 그러다가 어느 순간부터 아이들과 이야기하며 읽었다. 그럴 때마다 '조금 더 아이가 자라면, 더 많은 이야기, 더 깊은 이야기를 나눌 수 있겠지.' 하며 설레는 마음으로 기다렸다. 더 깊은 물음과 이야기를 나누고 싶었다. 아이들이 조금씩 자라서, 초등학생이 되고 중학생이 되니 나란히 앉아 각자의 책에 몰입하는 시간도 좋고, 무엇보다도 본격적으로 아이들과 책을 읽고 이야기를 나누는 재미가 커졌다.

그런데 아이들과 책을 매개로 이야기 나누기가 더없이 좋을 무렵부터 많은 가정에서는 책과 멀어지기 시작하니 안타까울 뿐이다. 게다가 독서에 공들이는 시기에도 우리 아이들의 독서 방법이 안타깝기 그지없다. 독서왕이 되기 위한 다독과 독후감이나 독서록 등 '쓰기' 위주의 독후 활동이 주를 이루기 때문이다. 실제로 2017년 국민독서실태조사에 따르면 초·중·고 학생들이 지난 1년간 학교에서 받은 독서 지도는 '독후감 쓰기'가 72.7%로 압도적으로 많았다. 그래서 아이들은 '쓰기' 때문에 독서를 싫어한다. 그러다 보니 중·고등학생이 되면 시간이 없다는 핑계로 자연스럽게 멀어진다. 현실이 이렇다 보니 독서 토론과 논술은 사교육을 통해 속성으로 해결하려는 경향이 크다.

그러나 독서와 토론을 통해 기를 수 있는 비판적 사고력, 분석력, 독해 능력, 의사소통 능력, 창의력 등은 단기간에 기를 수 없다. '다독'과 '쓰기'에 치우친 우리의 독서가 질문으로 깊이 '읽기', 하브루타로 토론하고 '말하기', 생각하고 느낀 바를 '쓰기'로 연결되는 삼박자의 균형독서로 진행될 때, 21세기에 가장 필요한 능력인 4C(사고력, 의사소통 능력, 창의력, 협업 능력)를 기를 수 있다. 사고력, 의사소통 능력, 창의력, 협업 능력은 열심히 강의 듣고 외우는 과정으로는 절대 기를 수 없다.

하브루타 독서 토론은 사교육보다 더 힘이 세다. 초등 공부에서만 독서가 전부가 아니다. 우리 삶의 전반에 걸쳐서 독서와 토론은 그 무엇보다 중요하다. 나는 아이들에게 사교육을 시키는 대신 함께 독서하고 이야기하는 것을 택했다. 영어 공부 역시 책을 읽고, 오디오로 듣고, 함께 이야기하는 것으로 대신했다. 그래서 우리 가족은 1주일에 한 번의 하브루타 가족 독서 토론은 물론이고 시도 때도 없이, 때로는 식탁에서 밥을 먹다가도 다양한 질문과 토론을 이어 간다. 얼마 전, 식탁에서 몇 년 전에 나눴던 대화가 다시 화제가 되었다.

엄마 : 얘들아, 그 이야기 기억나? 배고픈 여우가 포도밭의 작은 구멍으로 들어가기 위해 3일을 굶고 들어간 이야기?

큰아들 : 아. 기억나요. 여우가 굶어서 들어가서 포도 먹고, 나올 때 다시 또 3일을 굶어서 나오면서 "들어갈 때나 나올 때나 다를 게 없네."라고 말했던 이야기요.

엄마 : 그래. 그런데 어제 엄마가 그 이야기로 하브루타를 하는데 새로운 질문이 떠올랐어.

작은아들 : 그게 뭔데요?

엄마 : 음. 여우가 처음에 포도밭과 구멍을 발견하고는 이렇게 질문하잖아. "좋은 방법이 없을까?"라고 말이야. 이 질문은 어떤 질문이니?

작은아들 : 좋은 질문이에요. 답을 여러 개 찾을 수 있고, 생각할 수 있는 질문이잖아요.

엄마 : 그렇지. 바로 그거야. 나의 질문은 "왜 여우는 좋은 질문을 하고도 더 좋은 답을 찾지 못했을까?"이거야. 너희들은 어떻게 생각해?

큰아들 : 아. 나 알겠어요. 여우가 함께 고민하고, 토론할 짝이 없어서 그런 거 아닐까요?

작은아들 : 맞아요. 의논할 친구가 없어서 그런 거예요.

엄마 : 푸하하. 나도 그 생각했는데. 그럼 이 이야기는 혼자 고민하는 것보다 둘이 고민하는 게 더 낫다는 지혜도 찾을 수 있는 걸까? 그래서 우리가 늘 상대방의 생각을 듣는 토론을 해야 한다는 것을 의미할 수도 있지.

큰아들 : 아무래도 혼자 고민하는 것보다는 함께 고민하는 게 더 좋은 답을 찾을 수 있겠죠? 백짓장도 맞들면 나으니까.

엄마 : 그리고 또 하나 있어. 여우는 왜 들어갈 때 3일 굶은 방법을 나올 때도 똑같이 썼을까? 정말 나올 때도 3일을 굶어야 나올 수 있었을까?

큰아들 : 그러니까 그 여우는 바보라니까요. 예전에도 우리는 여우가 지혜가 부족하다고 얘기했잖아요.

엄마 : 그거야 굶는 방법 말고도 다른 방법을 못 찾아서 그런 거라고 한 거였잖아. 그런데 나는 다른 의문을 가진 거야. 여우가 포도밭에 들어가서 포도를 실컷 먹었다고 다시 3일을 굶어야 나올 수 있는 거 맞아?

작은아들 : 포도를 너무 많이 먹어서 그런가? 아니네. 포도를 아무리 많이 먹어도 배만 나오지, 살이 찌지는 않았을 텐데, 그러게 왜 또 3일을 굶었지?

큰아들 : 자신이 처음 찾은 답이 정답이라고 착각하는 거? 그래서 더 좋은 답을 찾을 생각을 안 한다는 거, 그런 걸 보여 주는 걸까요?

엄마 : 와우! 나랑 생각이 비슷해. 그치? 나는 두 번째 굶는 것이 여우

의 어리석음의 결정판이라는 생각이 들더라고. 우리도 가끔 지난번에 찾은 해답이 이번에도 최선의 답이라고 생각하고 더 깊게 생각하지 않고, 예전의 답을 택하는 경우가 있잖아. 너희는 혹시 여우처럼 처음의 답에 연연해 새로운 답을 찾아보지 못한 적이 있니?

3년 전에 아이들과 나눈 대화가 마치 엊그제 나눈 대화처럼 다시 이어졌다. 이런 대화를 통해 끊임없이 질문하고 토론하며 사고하는 것, 새로운 문제 해결의 방법과 답을 찾아가는 연습을 하는 것. 나는 이것이 공부에도 분명히 도움이 된다고 생각한다. 또한 내가 상상할 수 없는, 예측할 수 없는 미래사회를 살아갈 우리 아이들의 생존 능력을 키우는 데 도움이 된다고 확신한다.

"당신의 아이가 특별히 무엇을 읽거나 배우는 것이 중요한 게 아니다. 중요한 것은 당신의 아이가 끊임없이 변하는 세계의 흐름을 파악하는 것이다. 그리고 정말 중요한 것은 그처럼 끊임없이 변하는데도 변하지 않는 진리가 있다는 것을 통찰하는 판단력이다. 그 판단력은 어릴 때부터 사람들과의 꾸준한 토론을 통해 훈련되는 것이다." - 임마누엘 페트라이쉬
-조현행 지음, 『함께 읽고, 토론하며, 글쓰는 독서동아리』(이비락) 중에서

임마누엘 페트라이쉬의 말처럼 미래 사회를 살아갈 우리 아이들에게는 국·영·수 성적이나 화려한 스펙, 명문대학 졸업장이 아니라 끊임없이 변화해 가는 흐름을 파악하고, 그 가운데서도 변하지 않는 진리를 통

찰하는 통찰력과 판단력, 지혜가 필요하다. 이러한 것을 기르는 가장 좋은 방법 중의 하나는 함께 책을 읽고, 토론하는 것이다. 그리고 그 주체는 가정이어야 한다. 비록 비전문가라고 할지라도 부모가 자녀와 함께 책을 읽고 질문하고 토론하면 값진 결과를 얻을 수 있다. 자녀를 독서로 키운 후에 그 성과를 책으로 펼쳐낸 부모들이 그 증거이다. 그들은 자녀에게만 책 읽기를 시킨 것이 아니라 자녀와 함께 책을 읽었다.

이제부터 자녀와 함께 책을 읽고 독서 토론을 하자. 읽기, 말하기, 듣기, 쓰기가 종합적으로 어우러지는 하브루타 가족 독서 토론이 갈수록 강화되는 대입의 면접과 논술에도 좋은 밑거름이 된다. 더 좋은 것은 가족이 평생 서로의 독서 친구가 되는 것이다. 이는 사교육으로는 절대 기를 수 없는 것이다. 하브루타 가족 독서 토론으로 자녀의 독서친구가 되자.

07

하브루타는 논쟁도
즐거운 소통이다

알퐁스 도데의 『스갱 아저씨의 염소』는 에릭 바튀의 강렬한 그림도 인상적이지만 내용에서도 토론거리가 많은 책이다.

스갱 아저씨의 염소들은 자꾸만 안전한 집을 떠나 늑대가 있는 산으로 탈출한다. 다시는 염소를 기르지 말아야지 하던 스갱 아저씨가 다시 예쁘고 사랑스러운 블랑께뜨를 데려왔지만, 얼마 되지 않아 블랑께뜨도 산으로 가고 싶어 한다.

『스갱 아저씨의 염소』를 읽으면서 나는 스갱 아저씨가 되었다가 염소 블랑께뜨가 되었다가 오락가락했다. 내 아이가 안전한 부모의 울타리 안에 있기를 바라는 스갱 아저씨이기도 하고, 엄마의 반대를 무릅쓰고 자기가 하고 싶은 일을 하겠다고 뛰쳐나온 블랑께뜨가 되기도 한다. 내 아이는 어떨까? 블랑께뜨처럼 위험을 무릅쓰고도 산으로 달려가고 싶어 할까?

이 책은 가족이 함께 읽고 독서 토론를 하기에 참 좋은 내용을 담고 있다. 우리 가족이 함께 공감한 질문을 정리하면 다음과 같다.

아빠 : 염소 블랑께뜨가 죽음을 각오하고서라도 찾고 싶었던 것은 무엇일까? 블랑께뜨는 더 안전한 방법을 찾을 수는 없었을까?

큰아들 : 염소에겐 밖으로 나가는 것 말고는 아무것도 의미가 없었을까? 자유를 위해 희생해야 하는 것은 무엇일까?

작은아들 : 염소는 얼마나 용기와 자신감이 있었을까?

엄마 : 스갱 아저씨의 염소 기르는 방법에 문제가 있었던 것은 아닐까? 나는 아이가 위험을 무릅쓰고서라도 도전하는 삶을 살기를 원하는가? 혹은 안전한 삶을 원하는가?

이러한 질문들에 대해 이야기를 나누었다. 작은아들은 "스갱 아저씨는 염소를 구체적으로 설득하지 못했고, 염소는 스갱 아저씨의 말에 담긴 의미를 제대로 몰라서 이런 일이 생긴 거다. 나라면 낮에는 산에 갔다가, 밤에는 위험하니까 돌아올 거다. 만약 스갱 아저씨가 안 보내 주면 줄을 끊고서라도 낮에는 나갔다 올 거다."라고 말했다.

큰아들은 "자유의 크기에 따라 희생이 따를 수밖에 없다는 걸 너무 잘 안다. 그러니 타협을 하는 게 낫다. 하지만 지금은 내가 무언가 간절하게 하고 싶은 게 없어서 이 염소가 잘 이해가 안 된다."라고 말했다.

남편은 "스갱 아저씨가 같이 산에 가는 방법도 있는데, 둘이 하브루타를 했다면 더 좋은 결말을 맞이했을 것 같다."고 말했다. 가족들의 이런 이야기를 들으며, 나는 주제 질문을 변형해 가족들에게 다시 물었다.

"자유는 없으나 안락한 삶과 불안정하고 위험하지만 자유로운 삶 중에서 어떤 것을 택할 것인가?"

'안전한 삶이 낫다.'와 '자유로운 삶이 낫다.' 두 삶을 놓고 논쟁했다. 앞서 말한 것처럼 하브루타 논쟁은 이기고 지는 것이 목적이 아니다. 양쪽 입장을 보다 깊게 이해하고, 논쟁함으로써 최종적으로는 더 좋은 답을 얻기 위한 것이다.

'안전한 삶이 낫다.'는 쪽에서는 로빈슨 크루소를 예로 들었다. 로빈슨 크루소는 중산층의 안락한 삶을 누리라는 아버지의 조언을 무시하고 배를 타고 나갔다가, 여러 번 조난을 당하고 결국에는 28년간 무인도에서 혼자 살았다. 블랑께뜨처럼 모험과 자유를 찾아 떠난 대가가 너무 혹독하다.

'자유로운 삶이 낫다.'는 쪽에서는 영화 「트루먼쇼」를 예로 들었다. 안정적인 삶은 결국 진정한 자유의지를 느끼지 못하도록 제한된 채로 살 수도 있다. 작은 동물원 울타리에서 사는 동물만 울타리가 있는 것은 아니다. 보편적인 울타리보다 100배 넓은 자연 울타리 속에 사육되고 있어도 내가 그 울타리를 넘어가지 못하는 것은 똑같다. 진정한 나의 삶이 아니다. 「트루먼쇼」의 주인공처럼 자각하지 못하니까 안전하고 행복하다고 느끼는 것일 뿐이다. 그건 가짜 행복이다.

이런 논쟁 끝에 우리 가족은 "그렇다면 자유로운 가운데 덜 위험하게 삶을 살아가려면 어떻게 해야 하는가?"에 대해 토론했다. 결국엔 '어떻게'를 해결하기 위해서 논쟁을 하는 것이다. 작은아들과 남편은 블랑께뜨가 숲으로 가기 위한 준비나 닥쳐올 위험에 대비한 전략을 잘 세웠다면 살아남았을 수도 있다며 '지금 내가 하고 싶은 것을 위해 미리 준비하고, 대비하자.'는 의견을 내놓았다. 큰아들은 '나 자신은 물론 타인과 적당히 타협하고 사는 것도 필요하다.'는 의견을 내놓았다.

이런 이야기 끝에 남편에게 물었다.

나 : 당신은 우리 아이들이 자유를 선택하는 삶, 안정을 선택하는 삶 중에 어떤 삶을 살았으면 좋겠어?

남편 : 나는 그걸 우리가 생각하는 게 의미 없다고 생각해. 아이들이 선택하는 거지.

나 : 부모인데 생각을 안 할 수는 없는 거 아닐까? 우리가 어떻게 생각하느냐에 따라 우리의 교육 방향이 결정되잖아. 이미 그렇게 진행되고 있고.

남편 : 그렇긴 하네. 그럼 애들한테 물어보자. 너희는 부모가 너희를 어떻게 키우는 것 같니?

큰아들 : 좁은 울타리에 가두기보다는 자유롭게 스스로 도전할 수 있게 키우시죠. 그런데 아직 저는 도전하고 싶은 게 없어요. 딱히 하고 싶은 것도 없고요.

남편 : 아빠도 그때는 그랬어. 대학에 가서도 여전히 하고 싶은 게 없어서 그때부터 지금 내가 무언가를 해 두어야 나중에 도움이 될지도 모른다고 생각하며 이것저것 열심히 했지.

나 : 그럼 대학생이 될 때까지 기다려야 하는 건가? 어찌 되었든 누구나 하나씩 재주는 가지고 태어나잖아. 네가 잘할 수 있는 것, 좋아하는 것을 꾸준히 찾아보자.

마지막 대화는 우리가 늘 나누는 거였지만, 큰아들이 우리의 울타리를 넓게 느끼고 있어서 다행스러웠다. 아이들이 자유로운 가운데 스스로의 미래를 준비해 가도록 잘 도와주어야겠다는 다짐을 한 번 더 하게 된 순간이기도 했다. 작은아들이 더 힘나게 하는 말을 해 주었다. "나는 지금 안락하기도 하고, 자유롭게 하고 싶은 것을 하면서 살고 있으니까 엄청 행복해요." 다행이고 감사한 하브루타 독서 토론 시간이었다.

이처럼 하브루타는 논쟁을 해도 즐거운 소통이 되고, 더 좋은 해결 방안을 찾는 과정이 된다. 지면에 옮긴 이야기 외에도 우리가 나눈 이야기는 정말 많다. 지난겨울에 다녀온 미국 여행, 스갱 아저씨의 염소처럼 터널 밖은 위험하다는 말을 듣고도 모험을 떠나는 생쥐 님의 이야기를 담은 바바라 레이드의 그림책 『터널 밖으로』, 큰아이가 어렸을 때 줄넘기를 가르쳐 주던 일, 남편의 중·고등학교 시절 이야기, 우리의 부모님 이야기 등을 줄줄이 엮어서 함께 이야기를 나눴다. 어떤 책이, 어떤 질문이, 어떤 추억을 끌어올지 장담할 수 없다. 분명한 건 하브루타 가족 독서 토론은 가족 간에 최고의 소통이 된다는 것이다.

08

하브루타 질문 독서가
철학하는 아이를 만든다

인생의 많은 면은 정답이 없거나, 이해하고 받아들이기가 만만치 않다. 우리는 아이들이 삶의 모호하고 복잡한 측면들을 마주할 때 당황하지 않고 자신감을 갖기를 바란다. 자신감을 갖고 한 사람의 인간으로 성장해 간다는 것은, 해결되지 않는 어려운 의문들에 대해 스스로 생각하는 방법을 배워 가는 것을 뜻한다. 다른 말로 표현하면 '철학하는' 방법을 배운다는 뜻이다.

-제나 모어 론 지음, 강도은 옮김, 『그림책 읽어 주는 엄마, 철학하는 아이』
(한권의책) 중에서

지난겨울, 바다가 보이는 통영충무도서관에서 『그림책 읽어 주는 엄마, 철학하는 아이』를 읽으면서 '맞아, 맞아.' 하며 고개를 끄덕이느라 눈을 뗄 수가 없었다. 이 문장은 고개를 끄덕이며 밑줄 그은 문장 중의 하나이다. 내가 질문하고 토론하는 하브루타를 일상과 독서에 적용한 이유 중의 하나는 정답이 없는 인생을 살아가는 과정에서 내 아이가 어떤 문제를 만나더라도 지혜롭게 해결하며 살아갈 수 있도록 도움을 주고 싶었기 때문이다. 그런데 그것은 결국 철학하는 것과 맞닿아 있다.

미국의 '아이들을 위한 노스웨스트철학센터'의 센터장이자 공립학교 학생들, 자신의 자녀들과 철학적 대화, 철학 수업을 펼쳐 온 제나 모어 론이 쓴 이 책의 많은 문장은 내가 강의하면서 했던 말들과 너무도 비슷했다. 더 놀라운 사실은 그녀가 철학 수업을 하면서 주고받은 대화들이, 내가 아이들과 하브루타를 하면서 주고받은 대화들과 닮았다는 점이다. 놀라웠지만 그럴 수밖에 없다는 생각이 들었다. 하브루타를 하면서 나누는 대화는 자주 철학적 대화로 흘러간다. 우리는 늘 하브루타를 하면서 자신이 바라보는 것, 느끼는 것, 읽고 있는 것들에 대해 스스로 묻는다. 이 질문의 내용이 때로는 자기 삶을 이해하기 위한 질문, 우리 앞에 놓인 많은 현상의 본질을 탐구하기 위한 질문들로 이어진다.

오 헨리의 『20년 후』를 읽고는 "삶을 잘 살아간다는 것은 무엇인가? 최선의 판단이란 어떤 과정을 거쳐야 하는가? 우정이란 무엇인가? 친구란 무엇인가?" 등의 질문을 나누고, 그림책 『감기 걸린 물고기』(박정섭 글·그림, 사계절)를 읽고는 "사람들이 소문을 믿는 이유는 무엇일까? 근거가 없는데도 믿는 것은 무슨 까닭일까? 믿는 것은 믿고 싶어 하는 것과 다를까?" 등의 질문을 나누었다. 『장애를 넘어 인류애에 이른 헬렌켈러』(권태선 글, 창비)를 읽을 때는 "헬렌켈러는 행복했을까?"라는 질문으로 시작해 "행복이란 무엇인가?", "행복의 조건은 무엇인가?" 등의 질문으로 이야 기를 나누기도 했다.

『별을 헤아리며』(로이스 로리 지음, 서남희 옮김, 양철북)는 1940년대에 나 치가 점령한 덴마크에서 유대인 친구 가족을 스웨덴으로 몰래 탈출시키 는 어린 소녀와 가족들의 이야기이다. 실화에 상상력을 가미해 엮은 이 작품은 실제로 위험을 무릅쓰고 덴마크에 살고 있는 거의 모든 유대인(거 의 7,000명)을 탈출시킨 덴마크 사람들의 인간애와 그들의 용기에 대해 생 각해 보게 하는 책이다.

주인공 안네마리는 '다른 사람을 위해 죽을 정도로 용감해야 하는 건 옛날이야기에나 있는 거야. 현실의 덴마크에서는 그럴 리 없어. 아, 군인 들은 진짜구나. 그리고 때때로 목숨을 바치는 용감한 레지스탕스 지도자 들도 진짜로 존재하지.'라고 생각하면서 자신이 그런 용기를 가지지 않 아도 되는 보통사람인 것을 다행스러워한다. 하지만 막상 사랑하는 친구 와 그 가족들을 덴마크로 피신시키기 위해 안네마리는 위험하지만 꼭 필 요한 역할을 해낸다. 삼촌은 그 일을 하면서 무서웠다는 안네마리에게 말한다.

"그게 바로 용감하다는 말의 의미야. 위험에 대해서는 생각조차 안 하 는 것, 그냥 네가 하는 일에 대해서만 생각하는 것. 물론 무서웠겠지. 나 도 오늘 그랬으니까. 하지만 넌 네가 하는 일에 대해서만 마음을 썼지."

삼촌은 또 말한다. "네가 만약 아무것도 모르면 용감해지기가 한결 쉽 지." 아이들은 삼촌의 말에 여러 물음을 던졌다. "용기란 무엇일까? 얼마나 위험한 일인지 모르고 한 일이 용감한 걸까? 무서우면서도 용감할 수 있을까? 용감하면 무섭지 않을까?" 등의 질문으로 '용기'에 대해 고민했다. "위험을 알면서도 행하는 것이 진정한 용기이다. 위험을 모른 채로 행하는 것은 용기가 아니다.", "아니다. 완전한 실체를 몰라도 두려움을 안고 있음에도 해냈으니까 용기다." 이런 이야기를 나누면서 '두려움과 용기'에 대해 다양한 의견을 나누었다.

이날 아이들이 나눈 이야기를 종합하면 앰브로즈 레드문(Ambrose Redmoon)의 "용기는 두려움이 없는 것이 아니라, 다른 무엇이 두려움보다 중요하다고 판단하는 것이다."라는 말과 연결된다. 과연 우리는 진정한 용기를 내본 적이 있는가? 진정한 용기는 어떻게 해야 발현될 수 있을까? 두려움을 이겨 내기 위한 방법은 무엇이 있을까? 이러한 질문에 대한 스스로의 답이 결국에는 행동으로 이어지게 된다. 안네마리로 인해 각자에게 스며든 '용기'에 대한 물음이 어느 순간에 실천의 답으로 발현될지, 그 성장의 과정을 함께할 수 있음에 감사해지는 순간이었다.

이런 이야기를 나눌 때마다 나는 생각한다. 자신의 말과 행동을 거울에 비춰 보듯 생각하고, 옳고 그른 행동과 가치에 대해 도덕적 딜레마를 겪으며 고민하고, 자신이 옳다고 여기는 생각과 다르게 행동하고 말하는 자신에 대해 혼란을 겪는 아이들이야말로 정상적으로 성장하고 있는 것이 아닐까? 아이들에게 스마트폰이 아니라 이런 질문을 할 시간을 줘야 하는 것이 아닐까?

부모도 마찬가지이다. 우리는 자신의 내부를 살펴야 할 시간을 디지털 기기로 인해 자꾸만 놓치고 산다. 『속도에서 깊이로』에서 윌리엄 파워스가 한 지적은 명확하다.

> 디지털 네트워크가 확장될수록 우리의 사고는 외부 지향적이다 자신과 자
> 신을 둘러싼 주변을 돌아보며 '이 안에서' 무슨 일이 일어나는지 살피는 게
> 아니라 부산한 바깥세상을 내다보며 '저 밖에서' 무슨 일이 일어나는지에만
> 온 신경을 집중하는 것이다.
> -윌리엄 파워스 지음, 임현경 옮김, 『속도에서 깊이로』(21세기북스) 중에서

이런 현실에서는 철학적 질문이 떠오를 틈이 없다. 윌리엄 파워스는
가족들과 함께 금요일 밤부터 월요일 아침까지 과감하게 '인터넷 안식
일'을 진행한 결과, 가족들과 함께하는 시간이 늘고 생각도 느긋해지고
여유로워졌다고 한다. 우리도 인터넷과 디지털에 잠식당한 삶을 덜어내
야 한다. 2박3일간의 인터넷 단식까지는 아니더라도 하루에 1시간이라
도 디지털 기기를 밀어내고 독서를 하고 가족과 하브루타 독서 토론을
진행해 보자. 아이들의 철학적 감수성을 키워 주기 위해 질문하고 그 질
문의 답을 찾을 수 있는 기회를 만들어야 한다. 우리는 자신에 대해, 우리
의 내면에 대해, 우리가 고민하고 성찰해야 할 가치들에 대해 끊임없이
질문해야 한다. 그래야 삶의 주인공이 되고, 삶을 잘 살아갈 수 있다.
하브루타 독서 토론은 부모와 자녀가 함께 철학하는 시간이다.

2장

하브루타 질문 독서법과
가족 독서 토론의 실제

하브루타 가족 독서 토론,
어떻게 할까?

능동적 독자를 위한 하브루타 질문 독서법과 하브루타 가족 독서 토론에 대한 세부적인 안내를 하기 전에 우리 가족의 하브루타 독서 토론 현장을 먼저 소개한다. 가족 독서 토론 현장의 분위기를 전하고, 토론 순서와 세부 운영 방법에 대한 이해를 돕기 위해서 최대한 생생하게 전달하고자 한다.

여기에 소개하는 가족 독서 토론 책은 장 자끄 상뻬의 『자전거를 못 타는 아이』이다. 수채화풍의 그림이 예쁜 이 책은 자전거에 대해 모르는 것이 없는 자전거포 주인 라울 따뷔랭이 '자전거를 못 타는' 비밀을 품고 살아가는 이야기이다. 그로 인해 생기는 웃지 못할 해프닝들이 일어나고,

라울 따뷔랭은 결국 단 한 사람에게 비밀을 털어놓게 된다.

이 책을 고른 첫째 이유는 내가 좋아하는 책이기 때문이다. 좋아하는 책일수록 아이들과 함께 읽고 토론하고 싶어진다. 그런 책 중에서 초등 4학년인 작은아들이 함께 참여할 수 있는 책으로 골랐다.

우리는 각자 책을 정독하고 독서 노트에 질문을 적은 상태에서 독서 토론 책상에 앉았다. 여기에 독서 토론 시작부터 끝까지의 과정을 옮겼다. 이날 독서 토론의 이끎이(토론 리더)는 나였다. 이끎이는 전체 과정을 흐름대로 흘러가게 하는 사회자 역할이다. 자, 지금부터 우리 가족의 독서 토론 현장으로 떠나 보자.

느낌 나누기

엄마(이끎이) : 오늘의 하브루타 가족 독서 토론을 시작하겠습니다. (박수) 책을 읽기 전에 표지나 제목을 보았을 때의 느낌과 읽은 후의 전체적인 느낌을 초간단 1분 토크 형식으로 나누겠습니다. 누가 시작할까요?

작은아들 : 저부터 할게요. 표지에 자전거가 많이 있어서 이 사람이 자전거를 잘 탈 줄 알았는데, 읽어 보니 자전거를 탈 줄 모르는 사람 이야기여서 신기했어요.

큰아들 : 저는 표지만 보고 애들 책인 줄 알았는데 읽어 보니 애들 책이 아니었어요. 역시 엄마가 권하는 건 매번 뭔가 '주제'가 있는 책이에요. 또 속았어요.

아빠 : 오랜만에 다시 읽었는데, 내가 기억하던 결말이 아니어서 이상했어. 일단 표지에 자전거가 많아. (온 가족 웃음바다) 타이어 교체 집에 타이어가 주렁주렁 있는 것처럼. 예전에 읽었던 내용이 확실히 기억나지는 않는데 다시 읽어 보니 결말이 너무 허무해. 원래도 이랬나 싶고. 아무튼 결말이 허무해.

문장 나누기

엄마 : 원래도 이 결말이었는데? 아마도 당신 기억 속에 다른 기억이 있었던 걸까? 나는 이 작가의 그림과 글이 다 좋아. 다음에 다른 책도 함께 토론하자. 그럼, 우리 각자 어떤 문장이 가장 마음에 들었는지 함께 공유해 볼까?

큰아들 : 저는 마지막 92쪽에서 골랐어요.

엄마 : 다들 92쪽을 펼쳐 주세요. 낭독해 줄래?

큰아들 : "내 말을 좀 먼저 들어봐요! 당신이 알아야 할 일이 있어요. 나는 한 번도… 단 한 번도… 이 얘기를 진작 했어야 하는 건데… 이건 비밀이오…. 날 좀 이해해 줘요…. 내가 할 줄 모르는 것이 하나 있는데…." 자전거를 타지 못한다는 사실을 말하지 못한 주인공이 계속 답답했는데 이 장면에서 덜 답답해져서 좋았어요.

작은아들 : 저는 26쪽이요. (각자 26쪽을 펼친다) "그런데 그런 사실이 더욱더 놀라운 것은 어린 시절의 라울 따뷔랭은 정말 자연스럽게 물구나무

를 서서 걷거나 자유자재로 앞뒤 공중 돌기를 해서 꼬맹이 친구들로부터 감탄을 자아내곤 했다는 사실 때문이었다." 왜 이 구절을 골랐냐면요, 라울 따뷔랭이 못하는 것도 있지만 이렇게 잘하는 것도 있다는 사실을 알게 되어서 기분이 좋았거든요.

아빠 : 나는 21쪽. "사람 자체와 그의 겉모양 사이에 잘못 분배된 무게가, 그런 대로 균형 잡힌 이 사람의 마음을 흔들고 있었다. 그것은 비밀의 무게이기도 했다." 이 '비밀의 무게'라는 표현이 마음에 들어.

엄마 : 와~, 당신이 뽑은 구절 완전 마음에 드는걸. '비밀의 무게' 어떻게 보면 주제와도 연관이 있는 것 같기도 하고. 나는 34쪽. "따뷔랭은 자신의 실패의 비밀을 밝혀내 보려는 희망을 가지고 자전거의 모든 부분(안장에서부터 베어링에 이르기까지)들을 방법론적으로, 줄기차게 연구했기 때문이었다. 그러자 사람들은 그에게 수리를 맡기기 시작했다." 자기가 안 되는 걸 되게 하기 위해 다양한 방법을 모색하고, 포기하지 않고 찾다 보니 결국엔 자신이 잘하는 걸 찾게 되었거나 혹은 다른 걸 잘하게 될 수도 있다는 걸 보여 주는 좋은 장면인 것 같아.

삶과 연결하기

엄마 : 우리가 뽑은 문장들을 함께 공유하니, 책을 한 번 더 읽은 것 같은 느낌이 드네. 자, 그럼 책 속 이야기와 나의 경험 혹은 친구, 다른 책, 사회 현상 등이랑 연결해서 이야기할 거 있는 사람?

작은아들 : 나는 자전거 경주에서 넘어진 걸 보면서 '하계올림픽 육상 경기'에서 넘어진 선수들이 기권하지 않고 끝까지 완주했던 이야기가 생각났어요.

엄마 : 그건 오래전에 하브루타한 이야기인데 기억에 남아 있구나. 엄마는 자전거를 생각하면 항상 너희들의 외할아버지가 생각나. 어린 시절에 처음 자전거를 가르쳐 주시던 아빠와의 추억. 전에 너희들 자전거 가르쳐 줄 때도 해 줬던 얘기인데, 아빠가 뒤에서 자전거를 잡아 주다가 몰래 손 놓은 이야기. 그래서 "아빠, 뒤에서 꼭 잡고 있는 거 맞아?" 하고 물었는데, 대답이 없어서 뒤돌아보다가 그대로 넘어져서 다쳤던 추억이 아직도 생생해.

작은아들 : 맞아요. 엄마도 나 자전거 가르쳐 줄 때 외할아버지가 했던 방법 그대로 가르쳐 주었잖아요.

엄마 : 하하. 그랬지. 배운 대로 가르쳐 준 거지. 민이 너도 내가 가르쳐 줬는데 똑같은 방법으로. 기억나? 또 있다. 너희 어릴 때는 엄마가 자전거 두 대 다 차에 실고 '자전거 공원'에 가서 안전하게 신나게 자전거 타라고 데리고 다니기도 했는데. 엄마가 그 자전거 두 대 싣느라 얼마나 힘들었는데 그런 거 기억 안 나? 서운한데?

큰아들 : 기억나요. 공원도 생생하게 기억나요. 그림 그려 볼까요? (그림까지 진짜 그린다.)

엄마 : 다행이네. 이 기회에 생색 좀 내 봤지. 나는 자전거에 대한 기억이 참 많아. 큰오빠 자전거 뒤에 타고 학교 간 추억도 있고. 당신은 자전거 언제 배웠어?

아빠 : 난 배운 기억은 없어. 그냥 타는 거지. 뭘 배워? 초등학생일 때 2층 주인집의 큰 어른자전거 빌려 타고 다닌 기억은 나지.

엄마 : 얘들아, 들었어? 너희 아빠는 아빠 자전거도 없이 주인집 자전거 빌려 탔대. 생각해 보니 나도 내 자전거가 한 번도 없었네. 엄마 아빠는 어린 시절에 자전거 한 번도 가져 보지 못했는데 너희들은 지금까지 너희만의 자전거를 몇 대나 가져 봤니?

큰아들 : 나는 2대. 그런데 1대는 지금 타지도 않고 그냥 서 있지.

작은아들 : 나는 3대.

엄마 : 우와. 너희들은 정말 부자다. 부럽네. 진짜. 그런데 자전거에 대한 경험 말고도 아빠가 뽑은 문장에 있는 것처럼 '비밀의 무게'와 관련된 경험은 어떨까? 남모르게 갖고 있는 비밀.

아빠 : 신문에 나오는 내부 고발자들이 바로 그 '비밀의 무게'를 혼자 견디지 못한 사례지.

엄마 : 그럴 수 있겠다. (잠시 시사뉴스 이야기로 흘러갔다가 큰아들의 시간 압박에 멈춤) 그럼, 이제 질문으로 넘어가 봅시다.

질문하고 토론하기

엄마 : 각자 만든 질문 중에서 함께 나누고 싶은 질문을 먼저 불러 주세요. 제가 적을게요.

"내가 라울 따뷔랭이라면 자전거를 못 탄다고 쉽게 사람들에게 말했을

까?"(큰아들)

"자전거를 잘 아는데 왜 자전거를 못 탈까?"(작은아들)

"어렸을 때 자전거를 못 탄다는 걸 감추지 않고 알렸다면 어떻게 되었을까?"(아빠)

"라울 따뷔랭은 왜 언덕에서 출발했을까?"(아빠)

"따뷔랭과 피구뉴는 서로의 비밀을 안 후 어떻게 했을까?"(엄마)

그럼, 어떤 질문부터 이야기를 나눠 볼까요? 아빠의 질문, '어렸을 때 자전거를 못 탄다는 걸 감추지 않고 알렸다면 어떻게 되었을까?' 이 질문부터 이야기해 볼까? 어떻게 생각하니?

큰아들 : 유명한 사람이 되지 못했겠죠. 자전거 고치는 걸로 유명해지는 거나 사진에 찍혀서 유명해지는 거나. 둘 다.

엄마 : 그렇게 생각한 이유는 뭘까?

큰아들 : 라울 따뷔랭이 자전거를 고치게 된 처음 부분을 다시 읽어 보면요. "네 핸들은 너무 높아. 체인이 너무 길어." 등등 자전거에 대한 조언을 해 주다가 점점 신뢰를 받아서 자전거를 고치는 일을 하게 되잖아요. 사람들이 라울 따뷔랭이 자전거를 잘 탄다고 생각하니까 그 말을 믿었지, 자전거를 못 탄다고 생각했으면 그 말에 신뢰가 덜했을 것 같아요. 그러면 자전거 잘 고치는 사람이 되지도 못했을 거고, 그러면 신문에 날 일도 없었겠죠.

아빠 : 나는 다르게 생각해. 어렸을 때 다른 사람에게 알려서 도움을 받았다면 자전거를 잘 타게 되었을 수도 있잖아. 그러면 자전거도 잘 타고, 자전거도 잘 고치는 사람이 되었을 수도 있지.

엄마 : 두 사람 말 다 일리가 있네. 쭌이 생각은 어때?

작은아들 : 새로운 일자리를 구했겠죠. (싱긋)

엄마 : 그럼, 쭌이 질문도 얘기해 볼까? '자전거를 잘 아는데 왜 자전거를 못 탈까?' 쭌이 네 생각부터 말해 보자.

작은아들 : 나처럼 가르쳐 주는 엄마가 없어서? 누가 같이 타 주지 않아서 그런 거 아닐까?

큰아들 : 재능이 없는 거예요. 라울 따뷔랭이 엄청난 노력을 했잖아요. 그런데도 안 되는 건 안 되는 거예요. 신은 공평하게 자전거 고치는 재주는 주고, 자전거 타는 재주는 주지 않은 거죠.

엄마 : 하하하. 너무 네 자신의 경험에 빗대어서 말하는 거 아닐까? 그럼 신은 네게 어떻게 공평하니?

큰아들 : 제게는 운동하는 능력은 전혀 주지 않고, 뭔가를 빨리 이해하는 능력은 주신 것 같아요.

아빠 : 그건 아빠가 준 능력이야. (온 가족 웃음바다)

엄마 : 정말? 그럼 운동 못하는 능력은?

아빠 : 그건 엄마가 준 거지. (또 한 번 웃음바다)

엄마 : 말도 안 돼. 나 운동 잘하거든.

작은아들 : 그럼 자전거 잘 타는 내가 자전거 잘 고치는 기술까지 익혀서, 두 개 다 잘하는 걸 보여 줄까?

엄마 : 그럴래? 그것도 좋은 생각이네(둘째와 하이파이브). 그럼, 이제 다시 또 아빠의 질문으로 넘어가 보자. '라울 따뷔랭은 왜 언덕에서 출발했을까?' 당신의 이 질문은 어떤 의미야?

아빠 : 자전거를 못 타면서 굳이 왜 언덕에서 출발했을까? 책에는 구체적인 그의 마음이 표현되어 있지 않거든.

큰아들 : 책에 나와 있어요. 술기운에 몽롱해서.

아빠 : 아닌 것 같아. (다같이 71쪽을 펼쳐서 다시 그 부분을 읽었다.)

작은아들 : 나 알겠어요. 비밀의 무게를 못 견뎌서.

엄마 : 우와. 너무 멋진 답인데. 나도 쭌이 의견에 동의. 그리고 여기 봐봐. 출발하기 전에 "운이 지지리도 없지."라고 말하잖아. 그는 자전거를 타지 않기 위해 많은 노력을 했잖아. 술도 마시고, 늑장도 부리고, 심지어 자전거 탈 줄 모른다고 고백도 하고. 그랬는데도 피구뉴는 "그 농담 되게 웃기네요."라고 하면서 믿지도 않고, 계속 타라고 하잖아. 그러니 그로서는 이제 막다른 길에 다다른 거지. 일종의 체념 아니었을까?

아빠 : 그러니까. 왜 그랬을까? 진지하게 설득해서 진짜 자기가 자전거를 못 탄다는 걸 고백하고 이해시키는 게 더 좋은 방법이잖아. 비밀이든, 거짓말이든 관성의 법칙이 적용되어서 계속 그 방향으로 나아가면서 더 커지게 마련이잖아.

엄마 : 아. 그러니까 당신은 라울 따뷔랭의 행동이 달라졌으면 하는 생각에서 한 질문이구나. 그게 가장 최선의 방법이기도 하지. 그런데 그게 쉽지 않잖아. 민이가 한 질문이랑 연결되네. 내가 라울 따뷔랭이라면 자전거를 못 탄다고 쉽게 사람들에게 말했을까? 민아 너라면?

큰아들 : 저라면 말했을 것 같아요. 자전거 못 타는 게 뭐 대단한 거라고. 하지만 그 비밀이 단지 자전거가 아니라 내게 엄청난 비밀이라면 쉽게 말하지 못할 것 같아요.

엄마 : 그가 어릴 때든, 성인이 되어서든 쉽게 말하지 못한 이유는 뭘까?

작은아들 : 부끄러워서요. 근데 내 친구는 나한테 자전거 못 탄다고 말했는데.

아빠 : 어? 자전거 못 타?

엄마 : 거봐. 자전거를 못 탈 수도 있는데, 당신도 자전거 못 타는 걸 이상하게 생각하잖아. 이런 반응 때문에 라울 따뷔랭도 말하지 못한 걸까?

아빠 : 아니, 옛날에는 자전거 없는 애가 많았고, 그러니까 못 타는 애들도 있었지만. 요새는 자전거 없는 애들이 없으니까 그런 거지.

큰아들 : 어릴 때는 부끄러움을 감추기 위해서 말하지 못했고, 커서는 명성에 금이 갈까 봐 말하지 못한 거 아닐까요?

아빠 : 부끄러움보다는 자존심이지 않았을까?

엄마 : 어떤 이유로든 어릴 때부터 시작된 작은 비밀이 나중에 자신의 삶에 이렇게 큰 영향력을 미칠 거라는 걸 생각도 못했겠지? 그런데 그렇게 되어 버렸어. 아무에게도 말하지 못할 비밀을 간직하고 산다는 건 어떤 걸까?

큰아들 : 하지만 라울 따뷔랭은 행복하게 살았잖아요. 가끔 그것 때문에 마음이 불편하긴 해도. 불행하지는 않았을 거예요.

엄마 : 그럼, 이 문장은 뭘까? 49쪽에 "존재론적 근심들과 형이상학적인 불안을 잠시 논외로 하자면, 따뷔랭은 행복했다고 말할 수 있을 것이다."

아빠 : 논외로 한다는 것은 그 부분은 알 수 없는 부분이니까 제쳐 두고

얘기할 수 있다는 거 아닐까? 그런 부분 때문에 무조건 불행하다고 할 수 는 없지.

엄마 : 나도 같은 생각이야. 그런데 소위 그런 '비밀의 무게' 때문에 마음 한편이 늘 무겁고 힘들지 않았을까? 그러니까 마지막 장면에 피구뉴에게 비밀을 털어놓으면서 아주 크게 웃잖아. 이제 내 질문이야. '둘은 서로의 비밀을 안 후 어떻게 했을까? 행복했을까?'

큰아들 : 가장 친한 친구와 공유했으니까 이제 그와 있을 때는 더 행복하고 편안해지겠죠?

작은아들 : 한 번이라도 비밀을 털어놓았으니까 이제는 더 편안하고 행복할 것 같아요.

아빠 : 아니. 한 명에게 공유한다고 가벼워질까? 달라질 게 없는데? 생각해 봐. 사막을 가는데 목이 말라서 물을 한 모금 먹어. 그래도 잠시 후엔 다시 목이 말라. 뭐가 달라져?

엄마 : 사막을 걸어가는 거나, 인생을 살아가는 거나 다 힘들어. 목마를 때 물을 마시면서 살아가는 거 아닌가? 안 마시는 것보다는 낫지. 그래도 내 비밀의 무게를 친한 친구가 나눠 주는데, 그 단 한 사람이 있으면 한결 편안해질 것 같아.

아빠 : 아니 아니. 나는 그건 근본적인 해결책이 아니라는 거야. 목이 말라서 한 모금씩 마시는 것만이 아니라 사막에서는 오아시스를 찾는 게 답인 것처럼 모두에게 고백하고 완전히 편안해지는 것이 낫다는 거지.

엄마 : 아. 완전히 비밀의 무게에서 벗어나는 법. 그게 가장 최선의 해결책이지. 그런데 그게 어렵잖아. 왜 어려울까? 라울 따뷔랭이 그 모든 걸

고백하는 순간은 언제가 최선인 걸까? 여기, 이 장면에는? 이때는 이 작은 비밀이 큰 비밀이 되어 자신의 삶을 짓누를 거라는 걸 절대 상상도 못했겠지? 그걸 알았다면 숨기지 않았을 수도 있는데.

아빠 : 최선인 순간을 찾기가 어렵지. 늦었다고 생각할 때가 가장 빠른 거지.

엄마 : 아! 어느 순간이 중요한 게 아니라 마음을 먹는 게 중요하다는 거구나. 그렇구나. 바로잡을 수 있는 용기를 내는 그 순간이 중요한 거겠네. '늦었다고 생각해도 늦은 게 아니다. 용기만 있으면 된다.' 이런 의미로 말하는 거야?

큰아들 : 좋은 말씀입니다. 엄마, 시간이 많이 초과되었어요.

(앗. 시간 압박이 시작된다. 이럴 때는 얼른 마무리로 향해 가야 한다.)

메시지와 미덕 찾기

엄마 : 그럼, 이제 마무리를 해 볼까? 각자 오늘 읽은 책과 하브루타를 통해 느끼거나 생각한 점, 깨달은 점을 표현해 볼까?

작은아들 : 저부터요. 제가 찾은 메시지는 '아무리 자기가 못하는 게 있어도 최대한 노력해서 탐구해 보자.' 그리고 이 책에서 찾은 미덕은 '이해'입니다. 왜냐하면 다른 사람들이 라울 따뷔랭이 자전거를 잘 고친다 해도 자전거를 못 탈 수도 있는데, 그걸 깊이 이해하지 못하고 무조건 잘 탄다고 오해하는 게 안타까웠어요.

큰아들 : 저는 '신은 공평하다. 모든 사람에게 부족한 것과 잘하는 것을 섞어서 주신다.' (우리 모두 웃음바다) 진짜예요. 라울 따뷔랭도 그렇지만 제 친구들도 그렇고, 저도 그렇고. 정말 공평해요. 그러니까 제 미덕 단어는 '정의로움', 누구든지 공정하고 공평하게 대우하는 것으로 뽑겠습니다.

아빠 : 나는 늘 어떤 의미를 찾는다는 게 불편해. 그냥 이 책을 읽고 나니 '그 많던 자전거포는 다 어디 갔을까? 그 많던 라울 따뷔랭은 다 어디 갔을까?'라는 생각이 드네.

엄마 : 맞네. 예전엔 자전거포가 많았는데. 다 어디 갔을까? 그런데 이 메시지는 너무 부담 갖지 마. 그냥 마무리하면서 책을 읽고, 자기 나름대로 느낀 점, 혹은 자기 삶에 적용할 만한 점을 각자 정리해 보는 시간이야. 당신 멘트도 멋졌어. 의미있고. 나는 처음에는 작은 불씨였는데, 어느 날 그것이 큰 불씨가 될 수도 있다는 것. 처음부터 바로잡아 가는 게 중요하다는 것. 혹여 그러지 못한 게 있다면 당신 말대로 어느 순간이든 깨달았을 때, 그것이 나의 삶을 더 이상 짓누르지 않도록 '용기'를 내어 바로잡아야 한다는 것이 중요하다는 것을 당신 덕분에 다시 한 번 새기게 되었어.

아빠 : 그래. 나는 '늦었다고 생각할 때가 가장 빠른 때다.' 이렇게 정리할게.

엄마 : 오늘 늦은 시간까지 하브루타 독서 토론에 참여해 주셔서 감사합니다. 가족 여러분. 모두 수고하셨습니다. (박수)

1시간 남짓 온 가족이 함께한 하브루타 가족 독서 토론의 기록이다. 과거의 추억과 아이들의 생각을 서로 나누며 공감하는 시간을 가졌다. 이런 시간이 쌓인다면 어떨까? 가족이 모두 같은 책을 읽고 이야기를 나누는 문화가 자리 잡힌다면, 언제 어느 때나 읽는 책만 바뀔 뿐이지 아이들과 함께 생각을 나누며 성장하는 좋은 파트너가 될 수 있을 것이다. 책으로, 독서로, 토론으로 연결된 가족, 우리 가족만의 하브루타 독서 토론 문화를 만들어 보자.

하브루타 가족 독서 토론은 위와 같은 흐름으로 진행하면 대부분의 책을 모두 진행할 수 있다. 이 과정에서 가장 중요한 것은 가족이 모두 자신의 '질문'을 하나씩 내놓고, 그 질문의 답을 찾기 쉬운 것부터 하나씩 이어 가며 나누는 것이다. 그렇게 하다 보면 추가 질문이 생성되기도 하고, 보다 깊은 질문으로 나아가기도 한다. 부모가 미리 좋은 질문을 준비하고 시작해도 좋지만, 처음 시작할 때는 그저 함께 생각과 느낌을 나눈다는 기분으로 시작하면 좋다. 부담 없고, 즐거워야 부모도 자녀도 오래 즐기면서 이어 갈 수 있기 때문이다.

한두 번으로 끝나지 않고 1년, 3년, 10년이고 이어 가는 것이 중요하다. 진행하다 보면 다양한 변화를 시도할 수도 있고, 가족 구성원 모두가 성장하면서 더 깊은 독서 토론이 가능해질 것이다. 그런 날을 위해 시작은 부담이 없어야 한다. 세련되고 매끄럽지 않아도 괜찮다. 더불어 다른 가족과 비교하지 않고 각자의 가족 문화를 만들어 가기를 바란다.

다음 장에서는 이러한 흐름에 세부적인 것들에 대한 이해를 돕기 위한 내용이다. 독서나 독서 토론에 초보자인 가족이나 일반인들을 위해 정리했다.

가족 독서 토론
시작을 위한 준비

나는 아이들과 책을 통해 질문하고 토론하며 함께 성장하고 싶다. 나의 동등한 대화 파트너로 마주하고 이야기 나누며, 즐거움 가운데 서로를 응원하고, 격려하며 함께 성장하는 시간을 오래오래 이어 가고 싶어서 하브루타를 시작했고, 가족 독서 토론을 한다.

하브루타 가족 독서 토론은 가족들이 함께 독서동아리를 운영하는 것과도 같다. 그러므로 가족 구성원 모두가 힘을 합해 함께 운영해 나가야 한다. 독서 토론의 규칙이나 역할 분담, 운영 방안 등을 가족이 함께 의논하여 꾸려 나가야 성공적으로 오래 운영할 수 있다. 이런 경험을 통해 자율성, 협력성 등을 키워 독서 모임은 물론 다양한 모임을 이끌어 가는 과정을 배울 수도 있다.

물론 책을 읽고 토론하는 독서 토론이므로 책과 친해지고, 책을 깊이 있게 이해하며 다양한 관점을 갖는 데도 도움이 된다. 또한 가족이 함께 참여하므로 가족 구성원 간에 소통의 기회가 한결 늘어나고 이를 통해 친밀감, 유대감이 강화된다.

가족 독서 토론을 성공적으로 운영하기 위한 준비 사항을 체크하고, 아이들과 함께 의논하여 가족 독서 토론을 시작해 보자.

성공적인 가족 독서 토론을 위한 준비 사항

정기적인 하브루타 가족 독서 토론을 진행하려면, 다음과 같은 준비가 필요하다.

① 하브루타 가족 독서 토론 날을 정한다. 주 1회, 격주 1회, 월 1회. 소요 시간 60분~90분.
 - 가족 구성원이 모두 동의하는 횟수와 시간으로 정한다. (가능한 주 1회가 좋다.)
 - 매일 온 가족 독서 시간도 함께 정하면 더 좋다. (95쪽 참고)
② 가족 독서 토론 규칙을 함께 정한다.
③ 함께 읽고 토론할 책을 정한다. (98쪽 참고)
 - 아이들이 읽고 싶은 책 중에서 가족이 함께 의논해서 정한다.

- 두꺼운 책의 경우 2~4회가량 연속으로 진행해도 된다.
- 도서관 대출, 구매를 활용하여 가족 구성원별로 1인 1책 혹은 2인 1책이 되도록 준비한다.

④ 가족 구성원 각자의 독서&질문 노트를 준비한다. (100쪽 참고)

⑤ 독서 토론의 이끎이(토론 리더)를 정한다. (103쪽 참고)

⑥ 효과적인 경청과 토론을 위해 토킹스틱(talking stick)을 준비한다.
(104쪽 참고)

가족 독서 토론이 습관이 되고 문화로 자리 잡으려면 소요 시간을 조금 줄이더라도 주 1회가 가장 좋다. 독서 토론 날짜를 정하고 나면, 실제 독서 토론을 진행할 때의 소프트웨어에 해당되는 마음가짐이나 규칙을 함께 체크해야 한다. 왜냐하면 가족이 함께하는 독서 토론은 성공하는 것보다 실패하기가 더 쉽기 때문이다. 부모들은 부모로서 아이들을 가르쳐야 한다는 의무감과 중압감이 교육 현장의 교사 못지않게 강하다.

사실 아이들과 대화를 많이 해 보면 가르침의 몫은 부모에게만 있는 게 아니라 아이가 부모에게 깨우침을 주는 경우가 많다는 걸 저절로 깨닫게 된다. 그걸 깨달으면 가족 독서 토론은 성공을 향해 한 걸음 다가서게 된다. 그러나 그걸 깨닫기 전까지는 오랫동안 우리가 해 왔던 습관들, 또한 가족이기 때문에, 부모이기 때문에 더 쉽게 범하는 실수들이 가족 독서 토론을 방해한다. 우리가 하기 쉬운, 그래서 실패로 이끄는 것을 먼저 체크해 보자.

첫째, 부모가 아이들을 가르치려고 설교하면 실패한다.

둘째, 과거에 우리가 배워 왔던 대로 하나의 정답만을 고집하면 실패한다.

셋째, 나와 생각이 다를 때, '다름'을 인정하지 않고 '틀렸다.'며 고쳐 주려고 하면 실패한다.

넷째, 아이들의 질문, 아이들의 생각을 듣지 않고 무시하면 실패한다.

다섯째, 책 속의 이야기와 가족들의 과거 잘못을 연결하여 비난하거나 가르치면 실패한다.

여섯째, 아이들의 의견을 수렴하지 않고 부모가 토론하고 싶은 책을 골라서 강요하면 실패한다.

실패하는 여섯 가지 방법을 피하면 절반 이상의 성공을 거둘 수 있다. 이 여섯 가지를 피하면 부모는 자녀를 동등한 토론자로서 대우할 수 있게 된다. 그럴 때 비로소 가르쳐야 한다거나 이끌어야 한다는 부담감을 내려놓을 수 있고, 자녀의 말에 귀 기울일 수 있게 된다. 또한 '정답 지상주의'를 탈피하기 위해 '근거'만 있다면 아이들의 모든 의견을 수용해야 한다. 다양한 해답을 찾고, 그 다양한 해답 중에서 최선의 답을 찾는 과정을 함께하는 중임을 잊지 말자. 하나의 답만 아는 바보가 아닌 지혜로운 답을 찾는 토론의 과정임을 잊지 말자.

이러한 점에 유의하며, 가족이 함께 지켜야 할 '가족 독서 토론의 약속(규칙)'을 함께 정리하고 시작하면 좋다. 다음은 우리 가족의 규칙이다.

① 토론할 책은 반드시 두 번 이상 정독하기

② 다른 사람의 의견에 진심으로 경청하기

③ 나와 다른 생각도 인정하고 서로에게 배우기

④ 고운 말과 표현을 통해 서로를 존중하는 말과 태도를 보여 주기

⑤ 자신의 의견을 말할 때는 논리적인 이유, 근거와 함께 말하기

⑥ 존중, 예의, 사려, 이해의 미덕으로 참여하기

하브루타 독서 토론은 '말하기' 활동이다. 그런데 요즘 아이들의 일상 언어와 문화에는 존중의 문화보다는 지적하고 폄하하는 문화가 더 많다. 이러한 언어 사용의 문제점에 대해 서로 하브루타한 후 가족 독서 토론 규칙에 넣으면 좋다.

하지만 미리 규칙을 정해 두었다고 해서 문제가 발생하지 않는 것은 아니다. 큰아이의 경우 평상시에 부모가 지적하고 교정하는 모습을 그대로 본받아 동생에게 행동하기도 한다. 부모든, 형제자매든 상대방의 의견을 지적하거나 무시하는 말과 행동을 하는 순간 가족 독서 토론의 분위기는 순식간에 싸늘해진다. 만약 이런 상황에 맞닥뜨렸다면 미처 몰랐던 가족 간의 대화 문화를 바로잡을 수 있는 기회라고 생각하고 수정해 가면 된다. 이처럼 하브루타 가족 독서 토론은 경청을 통해 공감하고, 대화와 토론 방법까지 익히는 생생한 배움터가 된다.

하루 15분, 가족 독서 시간을 정하자

하브루타 가족 독서 토론을 하기 위해서는 가족이 함께 독서를 하는 것부터 시작하면 더 좋다. 아이들에게만 책을 읽으라고 하는 게 아니라 부모도 함께 책을 읽어야 한다. 그런데 우리 가족이, 아이들이 책을 잘 안 읽어서 고민이라면 '하루 15분' 습관적으로 책을 읽는 시간을 만들자.

서점가에는 '하루 10분, 하루 15분'이라는 제목을 붙인 책이 많다. 정말 10분이어도 될까? 15분이어도 될까? 이런 생각이 드는 것도 사실이다. 그런데 중요한 것은 이 10분, 15분이 쌓이면 엄청나다는 것이다. 하루 15분씩 1주일이면 105분, 30일이면 450분, 1년이면 5,475분 즉 91시간 25분이다. 거의 100시간에 가깝다. 결코 적은 시간이 아니다. '될까? 안 될까?'를 고민하고 의심하다가 한 달이 흘러가 버리는 것보다는 '해 보는 것'이 중요하다. 더 나아가 '지속'하는 것이 더 중요하다. 매일 지속하는 것이 습관을 만드는 데 가장 좋은 방법이지만 여건이 맞지 않으면, 1주일에 3회 이상 가장 편안한 시간을 정하는 것도 좋다.

이것은 우리 집에서도 아주 유효한 경험이었다. 우리 집에서는 남편과 작은아들이 평소에 책 읽기를 즐기지 않았다. 그래서 '하루 15분 가족 독서 시간'을 갖기로 했다.

매일 밤 9시 5분 전에 알람이 울리면 가족 모두 거실로 모인다. 거실 탁자에 모여 앉아서 각자 읽고 싶은 책을 읽는다.

15분이라는 시간은 단순한 이유로 정했다. 10분은 약간 아쉽고, 20분은 작은아들이 너무 힘들어할 것 같아서 그 중간을 잡았다. 처음에 작은

아들은 15분도 힘들어했다. 그래서 작은아들에게 "너에게만 가족 독서 시간에 대한 권한을 하나 줄게. 15분부터 시작해서 얼마든지 네가 부르는 대로 우리 가족 모두 책을 읽을 거야. 너만 정할 수 있어. 해 주겠니?" 라고 살짝 당근을 내밀었다. 흔쾌히 승낙한 작은아들은 시작한 지 채 1주일도 되기 전에 15분을 5분씩 늘려 지금은 30분을 거의 기본 시간으로 운영한다.

성과는 금세 보이기 시작했다. 늘 그림책만 읽던 작은아들이 조금씩 글밥 많은 책을 읽기 시작한 것이다. 첫날, 작은아들은 그림책 1권을 가져와 읽었다. 그 그림책을 다 읽어도 시간은 몇 분 지나지 않았다. 또 한 권을 가져와 읽었다. 그래도 시간이 남았다. "왜 이렇게 15분이 길어?" 하면서 혼자 짜증을 냈다. 그러더니 둘째 날에는 조금 글밥 있는 책을 읽었다. 그래도 시간이 남았다. 셋째 날에는 내가 글밥 있고 재미있는 얇은 책을 몇 권 추천해 주었다. 작은아들은 조금 힘들어하면서도 즐겁게 읽었다. 물론 만화책이나, 두꺼운 책 중에서도 자기가 좋아하는 책만 골라서 반복해서 읽기도 했다. 하지만 그것이 얼마나 긍정적인 신호인지 나는 너무도 잘 안다. 첫술에 배 부르려고 하지 않으면 무엇이든 희망적이다.

남편도 변했다. 책 읽을 시간이 없다는 핑계가 사라졌다. 9월부터 '가족 독서 시간'을 시작했는데 9월까지 단 한 권의 책도 읽지 않았던 남편이 9월부터 12월까지 8권의 책을 읽었다. 15분의 위대함이다. 돌이켜 보면 20여 년 넘게 남편을 보아 왔지만 업무에 관련된 책 이외에는 책 읽는 모습을 본 적이 거의 없었다. 그런 그가 가족과 마주 앉아 책을 읽는 모습을 보니 무척 행복했다. 가족이 모두 나란히 앉아 저마다 읽고 싶은 책에 몰입해서 조용히 책장이 넘어가는 소리만 들리는 15분은 정말 행복하고도 위대한 시간이다.

가끔은 이 15분 동안 자기가 읽고 있는 책을 가족들에게 소개하는 시간을 갖기도 한다. 지금 읽고 있는 책이 어떤 내용이고, 무엇이 흥미로운지, 왜 읽기 시작했는지 등을 간단하게 소개하고 권하기도 하는 시간이다. 이를 통해 서로의 독서 흥미도를 알 수 있고, 아이들은 요약·정리·발표하는 연습도 된다. 이밖에도 1주일에 한 번은 이 15분을 가족 독서 토론 시간에 흡수하여 사용하기도 한다. 기본적으로는 독서 시간이지만 독서와 관련된 다양한 활동 아이디어가 떠오르면 이 시간을 활용해 유연하게 운영한다.

굳이 15분이 아니어도 좋다. 아이들이 어린 집에서는 좀 더 짧게 운영해도 된다. 책을 읽는 시간이 꼭 1시간, 2시간처럼 긴 시간을 배정해야만 하는 것이 아니라는 것을 강조하고 싶다. 아침독서 10분으로 운영해도 좋고, 저녁 식후 10분으로 운영해도 좋다. 정기적, 지속적으로 일정한 시간 동안 꾸준히 독서하는 습관을 기르는 데 가장 좋은 방법이다. 끝으로 호레이스 만의 말을 덧붙인다.

"매일 조금이라도 독서를 하려고 마음먹어 보라. 비록 한 문장에 지나지 않을지라도 하루에 15분을 내면 그해가 끝날 즈음 깊은 감명을 받을 것이다."

어떤 책을 읽고 토론할까?

하브루타 가족 독서 토론을 위해서는 어떤 책을 읽고 토론할까? 가족 구성원 모두가 읽을 수 있고, 토론할 내용 즉 생각거리가 많은 책을 골라야 한다. 가족 구성원 중에서 나이가 더 적은 아이를 기준으로 골라야 모두가 참여할 수 있다.

다양한 연령대의 온 가족이 함께 읽고 독서 토론하기 좋은 책은 그림책이다. 그림책은 최고의 문학 작품이자 남녀노소 누구나 함께 읽고 토론할 수 있다. 때문에 최근에는 중·고등학교에서 진행하는 독서 토론에서도 자주 활용된다. 내용은 깊은 반면에 현장에서 바로 읽고 토론할 수 있는 비교적 짧은 텍스트이기 때문이다. 이러한 이유는 가족 독서 토론에서도 똑같은 장점이다. 직장생활과 일상에서 챙겨야 할 것이 많은 부모가 미처 책을 읽을 새가 부족할 때 그림책을 고르면 온 가족이 즉석에서 읽고 독서 토론을 시작할 수 있다.

그림책은 짧은 텍스트이지만 그 내용의 깊이는 철학적 질문을 던질 수 있을 만큼 충분히 깊다. 그림책이라고 우습게 여겼다가는 큰코다치기 십상이다. 일례로 다비드 칼리의 『누가 진짜 나일까』는 노동에 갇혀 사는 주인공 자비에의 삶을 통해 '진정한 노동의 의미와 삶의 가치'에 대한 질문과 '진짜 나는 누구일까? 진짜 나를 잃지 않고 지키기 위해서는 어떻게 해야 하는가? 내가 진짜 나라는 걸 어떻게 인식하는가?' 등의 철학적인 질문이 꼬리에 꼬리를 물고 이어지는 그림책이다.

유아를 대상으로 한 그림책이지만 보석 같은 질문을 품고 있는 그림책도 많다. 마스다 미리의 『너는 어떤 힘을 가지고 있니』의 경우는 유아용 그림책으로 분류되어 있고, 크기 또한 작은 보드북 형태이다. 주인공 꼬마 자동차가 혼자 힘으로 서툴러도, 느려도 해낼 수 있다며 자신감 있게 말하는 그림책이다. 꼬마 자동차는 '무엇이든 할 수 있는 힘'을 가진 자신만의 상자가 있다며, "나는 얼마만큼 강해질까요? 여러분의 상자에는 무엇이 들어 있나요?"라고 묻는다.

꼬마 자동차를 통해 아이들은 "주인공 꼬마 자동차는 강해지고 커지기 위해 어떤 노력을 할까? 나는 어떤 힘을 가지고 있을까? 나의 특별한 힘을 어떻게 보여 줄 수 있을까? 만약 몸이 커지면 상자도 커질까? 내가 두렵고 무서워서 포기하면 나의 상자는 없어지는 걸까?" 등의 질문을 꺼냈다. 질문들의 깊이로 볼 때 이 그림책은 결코 작은 그림책, 유아용 그림책이 아니다.

이처럼 그림책 한 권으로도 하브루타 가족 독서 토론을 아주 풍성하게 진행할 수 있다. 우리 집에서는 형제간에 나이 차가 나는 편이라 그림책으로 전체 독서 토론 후 큰아이와는 별도로 주제와 연관된 단·장편 동화, 인문, 고전 등을 연결하여 읽고 토론한다. 이처럼 형제자매 사이의 터울이 큰 경우에는 우리 집처럼 독서 토론을 진행하는 것도 한 방법이다.

무엇보다 중요한 것은 온 가족이 함께 토론할 책을 고르는 것이다. 누군가의 일방적인 선택보다는 함께 협의하거나 가족 구성원이 돌아가면서 한 권씩 추천하여 선정하는 것이 좋다. 각자의 추천 이유를 발표하는 과정을 통해 자녀의 책 고르는 안목도 키우고, 아이가 이야기 나누고 싶어 하는 주제에 대해서도 엿볼 수 있다. 무엇보다 가장 좋은 점은 자신이 추천한 책으로 토론하면 관심과 흥미가 더 높아진다.

독서 토론에 활용할 그림책이나 동화책은 누구나 똑같은 질문과 답을 할 법한 책보다 다양한 질문을 하고, 다양한 답을 찾을 수 있는 책이 더 좋다. 그림책, 전래동화, 탈무드, 이솝 우화, 단편동화부터 시작해서 장편 동화, 고전으로 서서히 나아가면 된다.

온 가족이 함께 같은 책을 읽고 토론하고 나면 그 책은 모두의 책이 된다. 함께 토론한 가족 모두의 책을 따로 꽂아 두는 책장 코너를 마련해 두는 것도 아이디어이다.

부모와 자녀가 함께 읽는 책을 고르는 데 도움이 되는 책

- 『부모와 자녀가 함께 읽는 어린이책 200선』(이주영 지음, 고래가숨쉬는도 서관, 2013)
- 『놓치면 안 될 우리 아이 책』(조월례 지음, 고래가숨쉬는도서관, 2014)
- 『토론그림책 365』(학교도서관저널 도서추천위원회 엮음, 학교도서관저널, 2017)
- 『어른도 읽는 청소년 책』(박상률 지음, 학교도서관저널, 2014)
- 『책숲에서 길을 찾다』(류대성 지음, 휴머니스트, 2016)

독서&질문 노트를 준비한다

독서 노트를 쓰는 방법은 다양하다. 시중의 수많은 독서법에 관련된 책에서도 다양하게 나온다. 나 역시 체계화된 독서를 해 오지 못한 사람이라서 지긋하게 오래도록 쌓아 온 독서 기록이 변변하게 없다. 독서법에 관한 책을 읽을 때마다 '이렇게 해 볼까? 저렇게 해 볼까?' 하며 쫓아갔다가 결국에는 다시 흐지부지되는 경우가 수두룩했다. 그렇게 쓰다만 독서 노트가 여기저기 꽂혀 있고, 컴퓨터 파일도 다양하게 흩어져 있다.

그러다 결국엔 한 권의 노트에 차곡차곡 쌓는 걸 선택했다. 읽으면서 밑줄 긋고 싶은 문장을 옮겨 쓰고, 떠오르는 질문도 적고, 생각도 메모하면서 한 권의 노트에 기록한다. 하브루타 질문 독서를 하다 보니 이 방법이 가장 효율적이었다. 독서 노트가 질문 노트로도 활용되는 경우이다.

아이들에게도 마찬가지로 책을 읽을 때 곁에 두고 필사할 문장을 옮겨 쓰고, 책을 읽는 중과 읽은 후에 떠오르는 질문을 메모하고, 토론 내용 중 기억에 남는 내용을 메모하고, 나만의 메시지를 쓰는 노트를 활용하도록 한다. 뒷장에 독후 에세이를 쓰는 것까지 하면 더 좋다.

다음은 독서 노트 양식의 예시이다. 일반 노트 왼쪽에 1/5가량의 칸만 하나 그어 구분 지은 후 순서대로 메모하면 된다. 마음에 드는 문장 옮겨 쓰는 칸과 질문 칸, 메모 칸만 조금 더 넉넉하게 활용하면 된다. 특히 질문의 경우는 적어도 5개 이상은 만들 수 있도록 하면 좋다. 이 양식은 가족 하브루타 독서 토론 흐름과 거의 비슷한 것이 최대 장점이다. 각자의 독서 노트에 기록한 후에 독서 토론할 때 그대로 활용하면 된다.

독서 노트 및 질문 노트 양식 예시

책 제목		읽은 날	
지은이		출판사	
이 책을 고른 이유			
느낌 메모 (읽기 전,후)			
마음에 드는 문장			
뽑은 이유			
나의 질문			
메시지와 미덕			

이끎이(토론 리더) 정하기

독서 토론을 할 때는 이끎이가 있어야 한다. 전체적인 흐름대로 안내해 주는 안내자, 독서 토론 리더, 토크쇼의 사회자 역할이다. 이끎이 역할은 엄마와 아빠가 먼저 시범을 여러 번 보인 후에 아이들과 역할을 바꿔서 번갈아서 진행하도록 한다.

이끎이의 역할은 다음과 같다.

① 토론 순서에 따라 토론의 안내자 역할이다. "다음은 ~에 대해 이야기 나누겠습니다."와 같이 흐름대로 안내하면 된다.

② 가족들이 낸 여러 질문을 답하기 쉬운 질문과 어렵고 복잡한 질문 순으로 재배치하는 데 주도적 역할을 담당하여 토론의 흐름을 정리한다. 단, 자신의 의견을 너무 강하게 제시하면 안 된다.

③ 가족들의 의견을 메모하면서 경청한다. 이끎이 역할을 할 때는 나의 의견을 말하는 '말하기'보다 '경청'에 더욱 집중하여 참여한다. 내가 하고 싶은 말을 신경 쓰면 가족들의 말을 경청하는 것도 어렵고 독서 토론의 흐름도 잊기 쉽다. 가장 어려운 점 중의 하나이다. 그러므로 부모가 시범을 몇 번 보인 후에 아이들에게도 역할을 맡겨서 연습하는 것이 필요하다.

④ 가족 전원의 참여를 돕는다. 소외되는 가족 구성원에게 발언권을 주어 참여를 독려한다. "이번에는 ○○가 먼저 말해 보겠니?", "○○의 생각은 어떠니?" 등으로 자연스럽게 말할 기회를 준다.

⑤ 발표자의 발표를 돕는다. 발표자가 생각이 덜 정리되었거나 표현력이 부족해서 중언부언하면, "네가 얘기하고자 하는 게 혹시 이런 뜻이니?"라고 정리를 도와준다. 혹은 "예를 들어서 설명해 줄래?" 등의 표현으로 아이 스스로 재정리하여 논리적으로 말할 수 있도록 도와준다. 이 역할은 비단 이끎이만이 아니라 가족 구성원 모두의 역할이기도 하다.

⑥ 발표자를 격려하고 응원해 준다. "와~, 어떻게 그런 멋진 생각을 했니? 정말 멋지다.", "정말 좋은 질문이구나.", "괜찮아. 천천히 생각하고 말해도 돼. 우리가 기다려 줄게." 등의 멘트로 보다 편안하게 토론에 참여할 수 있도록 도움을 준다.

이끎이의 역할은 만만치 않다. 어른들도 처음에는 경청이 익숙하지 않아 힘들어한다. 아이들도 마찬가지이다. 자기가 하고 싶은 말을 생각하다가 다른 사람의 말을 놓치기도 하고, 메모를 하지 않아서 정리할 말이 없기도 한다. 이런 경험을 통해 '더 잘 들을걸. 더 잘 메모할걸.' 하는 반성과 함께 경청하는 훈련, 메모하고 정리하는 훈련이 된다. 돌아가면서 이끎이를 연습해 보는 것도 배움의 과정이 된다.

토킹스틱 마련하기

토킹스틱은 인디언들이 오랫동안 사용해 왔던 것으로 구성원들의 경청을 돕는 데 매우 효과적이다. 규칙은 단 하나이다. 토킹스틱을 들고 있는 사람만 말할 수 있다. 나머지 사람은 경청해야 한다. 토킹스틱을 들고 말하는 사람의 의견에 추가하고자 할 때나 반대 의견을 질의할 때는 먼저 손을 들어 의사를 표현한 후에 토킹스틱을 든 사람이 모두 말할 때까지 기다린 다음, 토킹스틱을 손에 들어야만 이야기할 수 있다.

때로 친한 가족들과의 토론이라 한꺼번에 하고 싶은 말을 쏟아 내거나 규칙 없이 서로 말을 하다 보면 제대로 된 경청이 이루어지지 않아 혼란이 초래될 수 있다. 그러므로 토킹스틱을 마련해 발언권과 경청권을 구분하여 진행하면 말하기, 듣기가 모두 연습되고 안정감 있는 가족 독서 토론을 진행할 수 있다.

토킹스틱은 여러 가지로 정할 수 있다. 문구점에서 마이크 모양의 장난감을 구입해도 좋고, 조금 특색 있는 연필이나 볼펜, 작은 인형 등 상징적인 것으로 마련하면 된다.

읽기 전 독서
– 질문으로 상상하고 추론하기

능동적인 독서는 책을 만나고, 읽기 시작하는 순간부터 시작된다. 우선은 표지를 허투루 보지 않는다. 표지의 앞뒤는 물론 작가 약력, 머리말, 목차까지 꼼꼼히 읽는다. 이를 통해 이 책을 어떻게 읽어야 하는지 방향을 설정하고, 어떤 내용일지 상상하고, 추론도 해 본다. 물론 작가 약력이나 머리말을 먼저 읽으면 선입견이 생길 수 있기 때문에 일부러 나중에 읽는 사람들도 있다. 이것은 지식책이냐, 문학책이냐에 따라 다르기도 하다. 그러므로 이런 과정을 거치는 동안 독서가로서 자신에게 맞는 방법, 읽을 책에 따라 다른 방법을 찾아가는 진정한 독서 방법을 스스로 깨달을 수 있다.

표지로 질문하고 상상하기

책의 첫인상을 좌우하는 표지를 무심히 지나치지 말자. 책 표지에는 제목과 그림, 지은이, 그린이, 옮긴이, 출판사 등의 정보가 담겨 있다. 제목과 표지 그림을 통해 책에 담긴 내용을 다양하게 상상하고 추론해 볼 수 있다.

그런데 많은 사람이 책 표지는 제목과 지은이만 읽고 휘리릭 넘어가는 경우가 많다. 나는 아이들이 어려서부터 그림책을 읽어 줄 때 표지부터 꼼꼼히 읽었다. 그림책의 경우는 앞뒷면을 활짝 펼쳐야 제대로 된 표지 그림을 볼 수 있는 책도 있어서 뒷면까지 꼼꼼히 보았다. 앞뒤로 이어진 멋진 그림을 보여 주면서 이야기를 나누기도 했다.

그러다 보니 어느 날에는 아이가 "옮김이 뭐예요?", "출판사가 뭐예요?"라고 물었다. 작가와 번역, 책의 출판에 대해서도 이야기를 나눌 수 있었고, '작가'에 대해 관심이 생긴 아이 덕분에 한 작가의 작품을 모두 읽는 전작주의 독서를 하기도 했다. 이렇게 책을 읽어 주는 동안 쌓인 습관은 아이 혼자 책을 읽기 시작한 후에도 이어졌다. 스스로 책의 앞뒷면을 고루 살피고, 한 권의 책이 마음에 들면 그 작가의 다른 책까지 저절로 찾아 읽는다.

제목과 표지를 꼼꼼히 살펴보면서 상상하고 추론해 보는 방법 중에 가장 좋은 방법은 '질문'을 떠올려 보는 것이다. 다음은 작은아이가 초3일 때 『503호 열차』(허혜란 글, 오승민 그림, 샘터)의 표지와 제목을 살피며 '질문'하며 추론하고 상상해 보았을 때의 과정이다.

"엄마, 503호 열차는 6·25전쟁이랑 관계가 있는 열차일까?"

"왜 6·25전쟁이랑 관련이 있다고 생각했을까?"

"6·25전쟁 때 피난 가던 열차일까, 아닐까라는 생각이 들어서요."

"아~, 그럴 수도 있겠구나. 이 열차가 옛날 열차인 것 같아?"

"네. 왜냐하면 지금 열차 같으면 KTX 같은 느낌이 들어야 하는데, 그 느낌은 안 들고…, 가장 중요한 건 요즘 기차는 연기가 안 나요. 그런데 503호는 '암호' 같은 의미가 있을까요?"

"글쎄. 나는 이런 게 궁금해. 이 열차에는 어떤 사람들이 타고 있을까?"

"음~, 나는요. 503호 열차는 언제 쓰이던 열차일까?"

"시대가 구체적으로 언제이냐는 질문이구나. 엄마는 503호 열차는 어디에서 출발해서 어디로 향하는 열차일까?"

"피난 가는 열차라면 북한에서 남한으로?"

"피난 가는 열차가 아니라 더 옛날 열차라면? 분단 전의 기차라면?"

"그러면 중국이나 러시아로 가는 열차일 수도 있겠네요. 엄마, 아주 아주 옛날에는 대륙이 다 연결되어 있었대요. 도라에몽 만화에서 그렇게 연결되어 있던 대륙을 슝슝~ 자르는 것이 나왔어요."

"푸하하. 진짜 도라에몽이 잘랐다고 생각하는 건 아니겠지?"

"히히히. 옛날 열차는 까만색 기차밖에 없었을까?"

"그렇네. 이 열차는 유독 까맣다. 그치? 그런데 이 열차에 타고 있는 사람들의 기분은 어떨까?"

"나라면 무척 궁금할 것 같아요. 여행 갈 때 저는 매번 설레거든요."

"그렇지. 여행을 가는 거라면 그럴 수 있겠네."

"만약 피난을 가는 거라면 조마조마할 것 같아요."

"그렇겠네. 혹은 여행처럼 가고 싶어서 가는 게 아니라면 어떨 것 같아?"

"그러면 무척 싫을 것 같아요."

"그치? 엄마도 무지 슬플 것 같아. 그래서 기차 안에 타고 있는 사람들의 마음이 궁금했어. 자, 그러면 이제 목차를 한 번 살펴볼까?"

표지 그림을 두고 함께 질문하고 이야기하는 동안 아이의 배경 지식과 여행에 대한 설렘 등에 대해서 이야기를 나눌 수 있었다. 더불어 우리는 표지 그림의 느낌이 책의 내용과 어떤 관계가 있을지도 함께 살펴보면서 질문하고 이야기를 나눈 후에야 표지를 넘겼다. 마치 본격적인 달리기를 위해 준비 운동을 하는 것처럼…. 준비 운동으로 책 내용이 궁금해진 아이에게 책을 읽어 주는 시간은 정말 즐겁다. 이런 과정이 반복되면서 아이들은 혼자서 독서를 할 때도 표지와 제목부터 꼼꼼히 살피며 질문하고, 상상하며 읽는다. 능동적 독자가 되는 첫걸음은 표지에서부터 시작한다.

목차로 질문하고 추론하기

표지 이외에도 저자 소개, 저자의 머리말, 목차 등도 사전 독서 활동에 큰 도움을 준다. 문학의 경우에는 목차를 통해 표지에서 시작한 상상하기, 추론하기를 연결할 수 있다. 사회·역사·과학 등을 다룬 지식책의 경우에도 저자의 머리말, 목차 등은 작가의 의도와 자신이 읽는 목적을 파악하는 데 도움이 된다. 이러한 과정은 '좋은 책'을 고르는 독자로서의 눈을 기르는 데도 영향을 미친다. 아이들을 독서가로 길러 내는 데는 스스로 좋은 책을 고르는 안목을 길러 주는 것이 포함된다. 책을 읽기 전에 이 과정을 거치는 동안 읽어 볼 만한 책인지 아닌지 결정하는 데 큰 도움이 된다.

『503호 열차』는 제5회 정채봉 문학상 대상 수상작으로 작가의 수상 소감은 책의 말미에 있고, 앞에는 머리말 대신에 작가가 이 책을 쓴 이유가 짧게 쓰여 있다.

"이 책은 여러 나라로 흩어진 수많은 이들을 생각하며 썼습니다. 오랜 세월 이방 땅에서 섞여 살며 많은 것을 잊었지만 문득문득 아버지의 나라, '그 땅'에 대한 기억과 그리움으로 하늘을 올려다보는 사람들.『503호 열차』는 그들의 노랫소리에 대한 작은 응답입니다."

이 문장들을 읽는 것만으로도 나는 가슴이 먹먹했지만, 작은아이에게까지 그 느낌이 전달되리라는 법은 없다. 작은아이가 물었다.

"엄마, '이방'이 무슨 뜻일까요?"
"무슨 뜻일 것 같아? (잠시 이야기를 듣고) 이방은 우리나라가 아닌 다른 나라를 말해. 타국. 우리가 만약에 미국에 살면 우리나라 땅이 아닌 이방에 사는 거지."

"이 책을 쓴 사람은 참 마음이 따뜻한 사람인가 봐요."

"왜 그렇게 생각해?"

"보통 책은 한두 사람을 주인공으로 해서 쓰잖아요. 하지만 이 사람은 '수많은 이들'을 생각하며 썼다고 하잖아요."

"아, 그러네. 수많은 사람을 생각하며 썼구나. 마음씨 곱고, 고마운 작가구나. 그런데 왜 이렇게 수많은 이들이 여러 나라로 흩어지게 되었을까? 엄마는 그것도 궁금하네."

"전쟁이 나서일까?"

"그러게. 책을 읽어 봐야 알 테지만…. 전쟁 때문일까? 무엇 때문일까? 그런데 왜 오랜 세월, 그렇게 살게 되었을까? 왜 돌아오지 못하고 계속 그곳에서 살았을까? 책을 읽으면 알게 될까?"

작가의 짧은 글에 머물러 우리는 '아버지의 나라'와 '기억과 그리움', '503'이라는 숫자에 대해 이야기를 나누었다. 실제 이 책의 이야기는 우리가 나눈 핵심 단어와 떼려야 뗄 수 없는 이야기이다. 표지와 작가의 짧은 글에 이어 우리가 다다른 곳은 '목차'였다. 이것 역시 그냥 지나가지 않았다. 앞에서 대화한 것을 토대로 이야기 퍼즐 맞추기가 본격적으로 시작되는 순간이다.

『503호 열차』 목차

어디로 가는 걸까?
잠시 열차가 멈추다
해님이 엄마가 아기를 낳았어요
눈을 떠, 제발!
삼촌과 레나 누나의 결혼식
나를 바라보는 둥글고 새까만 눈동자
드디어 열차에서 내리다

"이 열차 안에서 무슨 일이 일어나는지 짐작이 되니? '어디로 가는 걸까?'를 통해 무엇을 알 수 있을까?"

"여기에 탄 사람들은 어디를 가는지 모르고 가는 거라는 걸 알 수 있어요. 그런데 나는 '눈을 떠, 제발!' 이 구절이 마음에 걸려요. 무슨 심각한 일이 일어나나 봐요. 총 맞았나?"

"무슨 일이 일어난 걸까?"

"누구랑 탔는지는 알겠네. 레나 누나랑 삼촌, 해님이 엄마."

이렇게 목차를 살펴보며 이야기를 나누는 동안 우리는 작가만큼이나 이야기를 만드는 데 몰입했다. 이후 책을 읽으면서 가끔 작은아이는 "이거 내가 상상한 거랑 비슷하죠?" 하기도 하고, 슬픈 상상이 맞았을 때는 "아~ 틀리기를 바랐는데…." 하면서 안타까워하기도 했다. 그만큼 책에 몰입했다.

　조금 더 적극적인 독자가 되는 방법은 그리 어렵지 않다. 책 본문으로 들어가기 전에 조금의 시간을 투자해 질문하고 이야기를 나눈 후에 시작해 보자.

04

읽는 중 독서
─질문 독서로 천천히 깊게 읽기

이제 책을 읽어 보자. 요즘 아이들은 고속열차를 탄 것처럼 책을 읽는 경우가 많다. 어찌나 빨리 읽어 내는지…. 그렇게 읽고 나서는 '재미있다, 재미없다.' 혹은 '뭔 말인지 모르겠다, 시시하다.'로 이분되는 표현을 한다. 이렇게 읽은 책은 어떤 한 사건만 기억에 남거나 심지어 내용 자체를 기억하지 못하는 경우도 있다.

그래서 나는 아이들에게 책의 한 문장, 한 문장의 의미를 생각하며 읽도록 책에서 마음에 들거나 밑줄 긋고 싶은 문장을 찾으며 읽으라고 한다. 또한 책 속의 상황이나 등장인물의 감정을 나와 동떨어진 이야기로만 읽을 것이 아니라 자신의 경험이나 생활과 연결 짓고, 질문을 떠올리며 읽으라고 권한다. 이런 과정은 책을 제대로 이해하고, 공감하며 읽는 데 도움이 되고 독서 토론을 할 때 할 말의 재료를 만들어 준다.

마음에 드는 문장을 찾아라

나는 책을 읽다가 마음에 드는 문장을 발견하면 몇 번을 반복해서 읽고, 포스트잇을 붙여 놓고, 필사하고는 한다. 그런데 아이들은 문장은 놓치고 줄거리 위주로만 읽는다. 아이들의 독서에서는 보석 같은 문장들이 손가락 사이로 빠져나가는 모래알처럼 버려지는 것 같아 안타까웠다. 그래서 책을 읽다가 마음에 드는 문장이 나오면 거기에 머물러 반복해서 읽고, 밑줄을 긋고, 떠오르는 생각을 그 옆에 메모하거나, 문장을 통째로 옮겨 쓰거나, 포스트잇을 붙여서 표시해 두는 방법을 알려 주었다.

처음에 아이들은 마음에 드는 문장이 없다고 했다. 그래서 내가 먼저 밑줄 긋고 싶은 문장을 골라 읽어 주고, 왜 그 문장이 마음에 들었는지를 이야기했다. 그러고는 감동이 느껴지는 문장, 이해가 되지 않는 문장, 의문이 생기는 문장, 재미있는 문장, 작가가 말하고자 하는 의미가 담긴 문장, 중요하다고 생각되는 문장, 나의 경험과 연결되는 문장 등 다양한 방법으로 찾을 수 있다고 알려 주고, 무엇이든 괜찮다고 했다. 다만 자신이 그 문장을 선택한 이유를 꼭 말로 설명하도록 했다.

혼자 책을 읽으며 뽑은 문장을 독서 토론에서 함께 공유하며 낭독하는 시간은 또 다른 재미와 공감, 반복 읽기의 효과가 있다. 때로 같은 필사 문장을 뽑았을 때는 '통했다.'고 좋아하기도 하고, 나는 아무 생각 없이 지나간 문장인데, 다른 사람이 밑줄 긋고 낭독해 준 덕분에 의미 있는 문장이 추가되기도 한다. 또 "내가 뽑은 문장은 135쪽에 있습니다."라고 말하는 순간, "잠깐만, 어떤 문장인지 맞춰 볼게."라며 해당 페이지를 구석구석 읽으며 마치 퀴즈 풀듯 서로의 필사 문장을 찾는 재미를 만끽할 수도 있다.

"저는 29쪽에서 골랐어요. '사람들은 죄짓는 것은 부끄러워하지 않으면서 뉘우치는 것은 부끄러워한다.' 이 문장을 뽑은 이유는 일단 맞는 말이고요. 제 자신에게 찔리는 부분이었어요. 저를 돌아보게 하는 문장이라 뽑았어요."

발표를 듣자마자 "우와~." 하면서 엄지를 세워 주는 친구, "아~ 나도 그 문장에 밑줄 그었는데…." 하며 공감을 표현하는 친구도 있다. 『로빈슨 크루소』 완역본을 읽고 하브루타 독서 토론을 하며, 마음에 드는 문장에 대해 이야기를 나눌 때의 모습이다.

처음에는 필사 문장 찾기를 어려워하던 아이들이 이제는 책을 읽으며 필사 문장을 찾아오는 것에 익숙해졌고, 그 이유에 대해서도 '사건을 풀어 가는 열쇠가 되는 문장이어서', '내가 이런 말을 들으면 엄청 행복할 것 같아서', '나와 같은 경험을 말하는 문장이어서', '작가가 말하고자 하는 것을 대변하는 문장이어서' 등 다양하게 표현한다.

이처럼 자신만의 필사 문장을 공유하는 과정은 다 함께 책의 부분 부분을 반복해서 읽는 다시 읽기의 효과도 있고, 내용을 더 깊이 파악하는 데도 도움이 된다. 또한 필사 문장을 중심으로 자신의 경험을 보다 쉽게 연결 지을 수 있고, 질문을 만드는 것도 한결 쉽게 할 수 있다. 필사는 좋은 문장을 가려내어 읽을 줄 아는 힘도 기를 수 있고, 옮겨 적고 읽음으로써 문장 실력이나 언어 능력을 키우는 데도 도움이 된다. 더 나아가 하브루타 독서 토론 후 자신만의 독서 에세이를 쓸 때도 필사 문장은 유용한 글쓰기 재료가 된다.

어쩌면 한 권의 책에서 내 마음을 울리고, 내 삶에 영향을 미치는 한 문장을 찾아내는 것은 광산에서 다이아몬드를 캐내는 일과 같을 수 있다. 그 한 문장이 오래도록 그 책을 내 삶과 이어 주기도 하기 때문이다. 어떤 사람에게는 책에서 만난 단 한 문장이 삶을 송두리째 변화시키는 출발점이 되기도 한다. 책을 읽을 때마다 문장의 보석을 캐내는 걸 잊지 말자.

삶과 연결하며 읽자

독서가 간접경험이 되려면 반드시 책과 나의 삶이 연결되어야 한다. 책 내용과 똑같은 일을 겪는 것이 아니라 책 속의 상황에 대한 주인공의 생각과 마음을 이해하고 공감할 수 있어야 간접경험이 된다. 그러려면 책을 읽고 독서 토론을 할 때 자신의 삶과 연결시켜야 한다.

노인경 작가의 그림책 『곰씨의 의자』는 아이부터 어른까지 폭풍 공감하는 책이다. 그래서 하브루타 독서 토론을 하기에 더없이 좋은 그림책이기도 하다.

이 그림책은 혼자서 음악을 듣고, 시 읽기를 즐기는 곰씨가 탐험가 토끼에게 잠시 쉬어 가라며 자신의 의자를 내어주는 것으로 시작한다. 탐험가 토끼와 즐거운 대화가 이어지면서 춤추는 토끼가 등장하고, 두 토끼가 결혼을 하여 아이들이 쑥쑥 태어난다. 급기야 곰씨는 수시로 찾아오는 토끼 가족 때문에 자신의 의자(공간)에서 자신이 즐기던 것을 할 수 없는 상황이 초래된다. 혼자만의 시간을 갖기 위해 "잠시만요, 저… 자리가… 그게 아니고 책이…."라고 말을 시작하지만, 끝내 할 말을 하지 못한 채 혼자 고군분투한다. 마침내 곰씨가 눈물을 펑펑 흘리며 속마음을 이야기하고 그들의 관계에 평화가 찾아온 것처럼 보이며 끝이 나는 이야기이다.

우리 가족은 캠핑장에서 이 그림책을 읽고 하브루타 독서 토론을 했다. 곰씨 같은 아빠와 큰아들, 토끼씨 같은 작은아들로 캐릭터가 정해져(?) 각자의 경험과 이야기를 연결하며 생활 속에서 관계를 맺고, 건강하게 유지하는 여러 가지 방법에 대해 토론하였다.

며칠 후 6학년 아이들과도 같은 주제로 독서 토론을 진행했다. 아이들이 각자의 질문으로 서로 이야기를 나누는 모습을 지켜보던 중이었다.

"곰씨 이야기를 들은 토끼는 어떤 생각이 들었을까?"
"미안했겠지. 나 때문에 곰이 힘들었구나 하는 생각이 들 테니까."
"응. 나도 그랬을 것 같아. 그래서 이제는 곰씨를 배려해야겠다고 생각할 것 같아."

교과서의 정답 찾기와 같은 대화를 하는 아이들을 지켜보던 나는 살짝 끼어들었다.

"얘들아, 만약 너희가 친하게 잘 지낸다고 생각한 친구가 어느 날 곰씨처럼 눈물을 펑펑 흘리면서 말하는 거야. 너랑 지내는 게 즐거웠어. 하지만 가끔 너무 힘들었어. 그럴 때 너는 어떤 생각이 들 것 같니?"

나의 질문에 대한 아이들의 답은 이미 질문이 끝나기도 전에 시작되었다. "으악!" 하며 비명을 질렀기 때문이다.

"정말 어이없을 것 같아요. 황당하고요."

"왜 그렇게 생각해? 아까는 토끼가 미안했을 거라고 말했잖아."

"아까는 그랬는데, 선생님 질문을 듣다 보니 미안한 마음도 있겠지만, 어이없고 황당할 것도 같아요. 뭐지? 지금까지 잘 지낸 건 뭐지? 하는 마음, 배신감도 들 것 같아요."

"그래. 그런 마음도 들 수 있지. 너의 입장, 토끼 입장에서는 곰씨가 엄청 힘들어한다는 것을 몰랐다면 말이야. 그런데 왜 너희들의 답은 처음과 극명하게 달라졌을까?"

처음에 아이들은 '머리'로만 이야기를 주고받았다. 이야기와 자신의 삶이 연결되지 않았기에 공감하지 않은 채 마치 시험 문제의 답처럼 모범 답안을 서로 내놓은 것이다. 이렇게 책을 읽어서는 공감할 수 없고, 내 삶에 적용하는 독서가 될 수 없다. 책 속 주인공이 겪는 일이 내일인 것처럼 연결하며 읽어야 공감하고, 내 삶에 적용하는 독서가 가능해진다.

중1 자유학기제의 하브루타 독서 토론반에서는 "우리도 토끼씨처럼 행동한 적이 있을까?", "내가 곰씨처럼 행동했던 적은 언제인가?", "우리도 누군가의 소중한 시간을 뺏은 적이 있지는 않을까?" 질문이 최고의 질문으로 뽑혔다. 아이들이 만든 이 질문은 책과 자신의 삶을 연결한 적용 질문이다.

곰씨와 토끼가족에게서 자신들의 친구 관계를 떠올린 아이들의 이날 토론은 정말 뜨거웠다. 자신들의 상황, 감정들과 그대로 연결되었기에 그 어느 때보다 열정적으로 토론하며, 자신의 행동을 돌아보고, 반성도 하고, 다짐도 하는 시간이 되었다. 이렇게 토론하고 나면 아이들의 마무리 에세이는 자신의 이야기와 생각으로 가득 찬다.

질문 독서에서는 이처럼 독서와 삶, 사회를 연결하는 적용 질문이 가장 중요하다. 하지만 어린아이들의 경우는 이런 질문이 나오기 어려우므로 부모가 먼저 아이들에게 힌트를 주자. "이야기 속에 있는 여러 경험 중에서 혹시 자기도 비슷하게 겪었던 적이 있으면 말해 볼까?" 이렇게 물어보면 처음에는 아이들이 없다고 답하기도 한다. 그럴 때는 부모가 먼저 경험을 이야기하며 예시를 보여 주는 것이 좋다. 그러면 이내 아이들도 "아, 나도 그런 적 있어요."하며 대화를 이어받는다. 또는 "곰씨는 음악 듣는 것을 좋아한대. 너도 음악 듣는 거 좋아하잖아. 네가 음악들을 때는 어떤 기분이야?"처럼 구체적인 경험을 연결해서 질문하면 된다. 또는 질문을 만들 때, '만약 나라면'으로 시작하는 질문을 만들어 보라고 권해 줘도 좋다.

자신의 경험, 삶과 연결하여 읽는 독서는 책의 내용 이해를 돕고, 독서에 대한 흥미와 몰입을 높여 준다. 더 나아가 한 권의 책이 삶을 바꾸는 힘을 얻고, 독서와 독서 토론을 통해 깨달은 것을 삶에 적용하는 데 도움을 준다.

질문하며 읽는 능동적 독자가 되어라

중등 큰아들과 1920년대 한국 단편소설을 읽고 하브루타 독서 토론을 했다. 나 역시 학창 시절에 읽었던 작품인데, 하브루타를 하며 읽는 과정은 오래전 그때와 너무 달랐다. 학창 시절에는 두루뭉술하게 그냥 읽었는데, 하브루타로 '질문'하며 읽으니 이전과 달리 아주 세세한 부분까지 궁금해졌다.

김동인의 『감자』를 읽으면서는 이해되지 않는 평양 사투리가 궁금했고, 복녀 부부가 사는 칠성문 밖 빈민굴이 실제로 1920년대에 그렇게 가난한 사람들이 살았던 곳인지, 복녀가 송충이를 따러 간 기자묘 솔밭이 어딘지 궁금했다. 이러한 내용 이해를 위한 질문을 하고 나니, '왜 제목을 감자로 지었을까? 1920년대에 실제로 이런 일들이 만연했을까? 그랬다면 그러한 이유는 무엇일까? 복녀가 변한 가장 큰 이유는 무엇일까? 복녀 부부의 행동을 가난이라는 이유로 합리화할 수 있을까? 지금 시대에도 여전히 이런 일들이 일어나고 있지는 않은가? 그렇다면 어떤 일들과 연결되는가?' 등의 질문이 떠올랐다.

아이는 과거의 내가 그랬던 것처럼 내용이 제대로 이해되지 않고 어렵다고 했다. 이런 경우 책을 읽으며 내용을 제대로 이해하기 위한 질문과 그 답을 찾으며 읽는 과정은 필수이다. 추론해서도 완벽하게 이해되지 않는 단어는 사전을 찾아봐야 하고, 작품의 사회적 배경 역시 꼼꼼히 찾고, 배경지식을 최대한 동원해서 이해해야 한다. 이런 과정이 진짜 독서 과정이다. 그냥 글만 읽는다고 해서 독서가 아니다. 이것이 천천히 읽는 슬로리딩, 딥리딩의 출발점이다.

책을 읽으며 질문을 떠올리며 읽는 행위는 능동적 독서가가 되는 것이다. 이해도 되지 않는데 무작정 읽는 것이 아니라 질문을 통해 기본적인 내용을 이해해야 한다. 그래서 책을 읽으며 하는 질문은 크게 두 가지 종류이다. 모르는 단어의 뜻을 묻거나 시대적 배경을 파악하거나 주요 사건이 무엇인지 등 정확히 답할 수 있으면서도 내용을 이해하기 위한 질문, 책을 통해 더 나누고 싶은 주제 질문이나 나의 생각과 작가의 생각을 만나게 하는 질문 등 생각을 확장하거나 토론을 하기 위한 질문이다.

책을 읽고 토론하기 위해서 만드는 질문에는 내용을 좀 더 깊게 이해하고 확장하기 위한 '심화 질문', 나의 삶과 사회, 주변과 연결하는 '적용 질문'이 있다. '심화 질문'은 등장인물의 말과 행동, 사회적 배경 등의 텍스트에 근거를 두고 추론하여 답할 수 있는 질문이다. '주인공이 겪은 일 중에 가장 어려운 일은 무엇일까? 주인공의 행동이 최선의 선택이었을까?' 등 우리가 보편적으로 만드는 질문들이 대부분 이에 해당된다. '적용 질문'은 말 그대로 나의 삶과 사회와 이야기를 연결하는 질문을 말한다. 적용 질문은 토론 순서에서 가장 마지막에 배치되고, 꼭 다뤄야 할 질문이기도 하다.

『곰씨의 의자』를 읽고 우리 가족이 만든 질문들을 세 영역의 질문에 맞춰 정리해 보았다.

◆ 내용 질문

곰씨와 토끼는 언제, 어떻게 만났는가?

토끼 가족이 찾아오면서 곰씨는 어떤 어려움을 겪었는가?

곰씨는 토끼 가족에게 말하지 못하는 대신에 어떤 행동으로 표현하려고 했는가?

◆ 심화 질문

곰씨 이야기를 들은 토끼네 가족은 어떤 생각이 들었을까?

곰씨가 고백한 후 토끼네 가족은 어떻게 행동할까?

곰씨의 입장에서 어떻게 행동하는 게 현명한 걸까?

곰씨는 왜 명확한 의사소통을 하지 않았을까?

토끼들은 왜 '곰씨의 의자'를 좋아했을까?

토끼네 가족은 정말 곰이 힘든 걸 하나도 몰랐을까?

곰씨와 토끼네 가족이 함께 행복할 수 있는 방법은 무엇일까?

◆ 적용 질문

나도 곰씨처럼 표현하지 못했던 적이 있을까?

나도 곰씨처럼 어쩔 줄 몰라 하는 표정을 지은 적이 있을까?

나도 토끼씨처럼 눈치 없이 행동한 적이 있을까?

만약 내가 곰씨라면 어떻게 했을까?

나는 엄마에게 토끼씨 같은 자식은 아닐까?

우리 사회에서 '배려'를 '권리'로 착각하여 일어나는 일에는 어떤 것이 있을까?

모든 질문은 질문 그 자체로 의미가 있다. 특히 질문은 질문자의 생각과 관심, 호기심을 그대로 나타내기 때문에 서로를 이해하는 데 도움이 된다. 아이들의 자유분방한 질문 속에서 아이의 관심과 호기심, 생각을 만날 수 있다. 하브루타 질문 독서는 바로 이 질문을 소중하게 생각하는 것에서 출발한다. 유치한 질문, 주제를 벗어난 질문이라 생각하지 않고 "어떻게 이런 질문을 생각했을까?" 하며 감탄하고, 그 질문을 왜 하게 되었는지에 관심을 가져야 한다. 그래야 아이의 독서가 어떤 방향으로 이루어졌는지 알 수 있다.

처음에는 질문이 쉽지 않을 수 있다. 해 보지 않았기 때문이다. 게다가 우리는 '남이 나의 질문을 어떻게 생각할까?'를 의식하며, 질문을 스스로 삭제하고 거르느라 더 어렵다. 하브루타에서의 질문은 모든 질문을 수용한다. 단순하고 유치한 질문부터 복잡하고 무겁고 심오한 질문까지 모두 소중하다. 그 질문을 떠올리고 고민하는 과정 자체가 '생각하는 것'이기 때문이다.

스스로 질문하며 다소 부족하고 협소한 질문이라도 품고 독서 토론에 참여하는 것과, 부모나 교사가 제시하는 '토론 논제'를 해결하기 위해 토론에 참여하는 것은 전혀 다르다. 자발성과 흥미, 관심도가 달라진다. 자신이 궁금한 것부터 출발해서 자신의 생각을 말하고, 다른 사람의 의견을 들은 뒤 더 다양한 질문을 만날 때 더욱 즐겁게, 적극적으로 참여한다. 이것은 어른도 마찬가지이다. 그러므로 질문하는 독서는 능동적인 독자가 되고, 능동적인 토론자가 되는 데 결정적인 역할을 한다.

그럼에도 질문이 쉽지 않은 이들을 위해 몇 가지 예시 질문을 제시한다. 어떤 영역의 질문인가를 따지지 않고, 내가 책을 읽다가 자주 하는 질문들을 정리해 보았다.

① 안다고 착각하는 단어부터 질문하라. – 이 단어의 뜻은 무엇일까?
② 글의 맥락을 파악하라. – 이 문장의 속뜻은 무엇일까?
③ 공감 능력을 키워라. – 기분이 어떨까? 어떤 감정일까?
④ 상황의 양면성을 고려하라. – 장점과 단점은 무엇일까?
⑤ 문제 해결 능력을 키워라. – 다른 해결 방법은 무엇일까?
⑥ 도덕적 딜레마를 경험하라. – 이렇게 하는 것이 옳을까?
⑦ 간접 체험으로 연결하라. – 내가 주인공 입장이라면 어떨까?
⑧ 저자 혹은 주인공의 생각에 도전하라. – 저자의 주장에 대해 어떻게 생각하는가?
⑨ 사회와 연결시켜라.

이러한 질문들을 자주 하다 보면 점점 전문적인 논제를 만드는 실력이 늘어난다. 다른 사람이 제시하는 깊은 논제를 쫓아가려고 하다 보면 토론의 재미와 실력을 쌓기도 전에 지칠 수 있다. 나의 관심이 가는 대로,

내가 궁금한 대로, 묻고자 하는 바를 묻고, 조금씩 확장하면서 좋은 논제를 만드는 능력도 함께 키워 가자. 부모도 자녀와 함께 성장하면 된다.

그럼에도 불구하고 전문적인 논제에 대한 예시가 궁금한 이들을 위해 청소년 독서 토론 대회를 개최하는 토론연구개발원(http://debateresearch. co.kr/)에서 토론 대회를 개최하며 선정한 도서의 논제를 옮긴다.

대상	도서명	지은이	출판사	논제
초등 저학년 이상	초대받은 아이들	황선미	웅진주니어	반장은 모든 친구들과 친하게 지내야 한다.
초등 고학년 이상	그 사람을 본 적이 있나요?	김려령	문학동네 어린이	마음의 상처를 치유하기 위해서는 다른 사람의 도움이 필요하다.
	사춘기 가족	오미경	한겨레 아이들	부모는 자녀를 위해 희생해야 한다.
	돌 씹어 먹는 아이	송미경	문학동네	부모는 자녀를 위해 희생해야 한다.
중학생 이상	자유나라 평등나라	오가와 히토시	바다출판사	우리가 사는 세상은 평등이 우선되어야 한다.
	어느 날 내가 죽었습니다	이경혜	바람의 아이들	청소년 문제는 사회의 책임이다.
	닌자걸스	김혜정	비룡소	모든 학생은 동등한 교육을 받아야 한다.
	기억전달자	루이스 로리	비룡소	기억전달자는 최선의 판단을 하였다.
	조선왕조실록	설민석	세계사	국가 안정을 위해서는 왕권이 신권보다 중요하다.

독서 토론을 위해 반복해서 읽어라

가족과 하브루타 독서 토론을 하면서 책을 읽다 보면 저절로 책을 두 번 이상 읽게 된다. 대충 휘리릭 읽어서는 토론에서 막히는 걸 경험하기 때문이다. 그러므로 처음 가족 독서 토론을 시작하는 경우라면 아이들에게 책을 여러 번 읽어야 하는 필요성과 방법을 알려 주는 것이 필요하다.

처음에는 편안한 마음으로 내용을 파악하며 읽고 마음에 드는 문장에 밑줄을 긋는다. 두 번째는 모르는 단어나 내용 파악을 위해 질문하며 읽는다. 세 번째 읽을 때부터 좀 다른 생각들이 끼어들기 시작한다. 이때 토론을 하기 위한 다양한 질문이 많이 만들어지고, 그에 대한 답을 고민하며 읽으면 된다.

이렇게 두세 번 읽고 독서 토론을 해도, 토론 후에 다시 또 읽고 싶어지는 경우가 더 많다. 독서를 하며 혼자 질문을 하고 답하는 과정보다 가족 구성원들의 질문과 생각을 만나는 과정은 더 다양한 변화를 경험하게 되기 때문이다. 그래서 독서 토론을 오랫동안 해 오는 이들은 "독서 토론은 독후 활동이 아니라 독서 활동이다."고 말하기도 한다. 책을 제대로 이해하고 읽어 가는 '함께 읽기' 과정이기 때문이다.

실제로 독서 토론이 끝난 후에 책을 다시 읽은 큰아들은 가끔씩 다시 말을 걸어온다. 독서 토론에서 완전히 해결되지 않았던 자신만의 답을 독서를 통해 다시 찾으며, 추가 질문을 하거나 정리된 자신만의 답을 말하는 것이다. 독서 토론은 책을 깊게, 자세히, 넓게 읽게 하는 동시에 반복해서 읽게 하는 힘을 가지고 있다.

05

읽은 후 독서
– 하브루타 독서 토론으로
'함께 읽기'

하브루타 독서 토론으로 책에 대한 서로의 생각과 느낌을 나누며, 책을 더 깊게, 넓게 이해하는 과정은 '함께 읽기' 과정이기도 하다. 각자의 생각을 담은 질문을 공유하며 서로의 생각을 엿보는 것부터 시작해서 제시한 질문들 중에서 함께 이야기 나눌 주제 질문을 골라서 다양한 답을 논리적인 근거와 함께 찾으며 자유롭게 이야기 나눈다.

가족 구성원 각자가 만든 질문을 골고루 주제 질문으로 뽑은 후, 질문의 순서를 잘 배치해 이야기를 엮어 가면 된다. 답하기 쉬운 질문부터 어려운 질문 순서로, 혹은 비슷한 질문을 묶어서 진행한다. 이 과정은 온 가족이 함께하는 과정으로 전체가 이루어지고, 마지막 글쓰기 과정만이 개

128

별 활동이다.

처음 하브루타 가족 독서 토론을 시작하고자 하는 가족이라면 질문과 이야기에 초점을 맞추어서 가볍게 시작하고, 서서히 활동을 늘려 가기를 추천한다. 무엇보다도 재미있고 즐거우면서도 함께 성장하는 시간이 되기를 바란다.

하브루타 가족 독서 토론 순서

하브루타 독서 토론은 크게 자유롭게 의견을 나누는 무형식의 독서 토론과 찬반 스위칭 독서 토론으로 나뉜다. 두 형태 모두 1:1 짝 토론을 활용하느냐, 모둠으로 진행하느냐에 따라 중간의 '생각 나누기'에서 약간 달라지고 그 밖의 과정은 동일하다. 이 과정 역시 정답이 아니다. 전 과정을 다 진행해야 하는 것도 아니다. 시간에 따라, 주제에 따라 '문장 나누기, 삶과 연결하기'를 빼고 진행할 수도 있다. 다만 가족 구성원 스스로 '질문'을 만들어서 이야기하는 것만은 꼭 지켜 가기 바란다. 이 과정이 하브루타 독서 토론의 가장 핵심이기 때문이다.

가족 독서 토론의 흐름은 다음과 같다. 단계별로 좀 더 자세하게 알아보자.

말문 열기	⇨	느낌 나누기 / 평점 매기기 내 맘대로 제목 짓기
생각 열기	⇨	문장 나누기 삶과 연결하기
질문하기	⇨	질문 만들기 / 질문 공유하기 주제 질문 뽑기
생각 나누기	⇨	짝 토론 / 스위칭 짝 토론 / 모둠 토론
생각 정리	⇨	메시지(느낀 점, 깨달은 점, 실천할 점) 버츄(미덕) 찾기 독서 에세이 쓰기
소감 나누기		

'말문 열기' 진행 방법
– 느낌 나누기, 평점 매기기, 내 맘대로 제목 짓기

"안녕하세요. 오늘 이끎이를 맡은 ○○○입니다. 오늘 독서 토론에 참여해 주셔서 감사합니다. 힘찬 박수로 시작하겠습니다."(박수)

"모두 책을 잘 읽고 참여해 주셔서 감사합니다. 독서 토론 규칙을 기억해 주세요. 그 중의 하나, '토킹스틱'을 들고 있는 사람만 말할 수 있습니다. 말하고 싶을 때 토킹스틱을 요청해 주세요. 모둠에서 돌아가면서 발표할 때는 토킹스틱을 오른쪽 방향으로 넘겨 가면서 발표하겠습니다."

이끎이의 전체 인사와 토론 규칙에 대한 간단한 설명 뒤에 가족 독서 토론을 선포하면서 시작한다. 이어서 각자 책에 대한 전체적인 느낌과 소감이 어떤지 짧게 1분 이내로 간단하게 발표하는 시간이 '말문 열기' 시간이다. 책에 대해 무엇이든 한마디씩 자유롭게 표현하는 것으로 말문을 여는 첫 과정이다.

책을 읽기 전에 표지나 제목을 보고 떠올랐던 생각과 느낌, 읽은 후의 전체적인 느낌에 대해서 각자 편안하게 발표하면 된다. 이를 통해 가족 구성원의 책에 대한 첫인상과 전체 소감을 공유할 수 있다.

이 시간에 책에 대한 '평점 매기기'를 진행해도 좋다. 재미 요소, 교훈 요소, 기타(그림, 문체, 구성 등) 요소에 대해 골고루 생각한 후에 종합 평점을 매긴다. 마치 영화 감상의 별표와 같은 형식이다. 우리 가족은 5점을 총점으로 하여 점수를 발표한다. 이를 통해 서로 간의 독서 취향을 파악할 수 있다.

짧은 텍스트에 속하는 전래동화나 탈무드, 이솝 우화 등을 읽고 독서 토론을 진행할 때는 '나만의 제목 짓기'를 진행하는 것도 좋다. 그러고 나서 독서 토론을 마칠 때 다시 제목을 수정할 기회를 가져 본다. 혼자 읽고 처음 생각을 담은 제목과 토론 후 제목이 바뀌게 되는 경우가 더러 있다. 생각과 관점의 변화를 한눈에 알아볼 수 있는 '제목 짓기'는 독서 토론의 또 다른 재미이다. 이때 제목을 지은 이유도 함께 발표하게 한다. 단편 동화나 장편동화의 경우에도, 자신이 붙이고 싶은 제목에 대해서 이야기 나누어도 된다.

'생각 열기' 진행 방법
– 문장 나누기, 삶과 연결하기

'생각 열기'는 질문 독서법을 실천하면서 밑줄을 긋거나 독서 노트에 옮겨 적은 문장을 서로 공유하는 시간이다. 문장을 먼저 공유한 후에 '삶과 연결하기'로 이야기를 나눈다.

이 과정을 진행할 때는 반드시 발표자가 뽑은 문장이 담긴 페이지를 가족 구성원 전체가 펼친 후에 발표자가 '낭독'을 하고 그 문장을 뽑은 이유에 대해 발표하게 한다. 이때 이끎이는 가족 구성원이 해당 페이지를 모두 펼쳤는지 확인한 후 발표자에게 발표를 권한다. 간혹 같은 페이지의 서로 다른 부분을 뽑은 이들이 있을 경우에는 해당 페이지를 다 같이 한 줄씩 돌아가며 낭독하는 것을 추천한다. 그런 후 각자 뽑은 이유를 발표한다. 이를 통해 낭독의 효과, 재독의 효과를 동시에 경험할 수 있다.

마음에 드는 문장 나누기를 통해 재독의 시간을 가진 후 삶과 연결 지어 본다. 책 속의 경험들과 나의 경험 혹은 친구, 사회 현상과 연결하여 이야기를 나눈다. 이 시간은 책이 책으로만 남는 것이 아니라 자신의 삶과 연결되어 있다는 것을 확인하는 시간인 동시에 간접 경험으로서 서로의 경험을 확대하는 시간이 되기도 한다.

예를 들면, 『로빈슨 크루소』(다니엘 디포 글, N. C. 와이어스 외 그림, 시공주니어)를 읽고 이야기 나눌 때는 아버지의 현실적인 조언을 듣지 않고 바다로 나간 로빈슨 크루소의 행동을 연결하여, "엄마가 추우니까 겉옷 입고 가라고 했는데, 말 안 듣고 그냥 나갔다가 너무 추워서 결국엔 감기에 걸

렸어요. 역시 엄마 말은 듣는 게 이로운 게 더 많은 것 같아요."라며 이야기하는 식이다. 반면에 오히려 엄마 말을 안 듣다가 이득을 본 경험 사례도 함께 나누는 시간이다. 이를 통해 주인공의 생각과 느낌을 좀더 이해하고, 삶과 책은 언제나 연결되어 있다는 것을 깊게 느낄 수 있는 시간이 된다.

'질문하기' 진행 방법
– 질문 만들기, 공유하기, 주제 질문 뽑기

'질문하기'는 스스로 질문을 만들거나 독서를 하면서 사전에 만들어 온 질문을 공유하며 질문을 추가, 수정하는 과정이다. 혼자 정독하며 만들어 온 질문이 있는 경우는 곧장 짝과 함께 혹은 가족 모두의 질문을 공유하며 서로의 생각을 파악한다. 이를 통해 서로가 책을 읽고 이해한 방향과 해석하고자 하는 바가 어떠한지 파악한다. 또한 질문을 공유하는 과정에서 추가로 떠오르는 질문을 만들고, 비슷한 질문을 하나의 질문으로 묶어 내기도 한다. 이를 통해 다 같이 토론할 '주제 질문'을 뽑는다.

만약 그림책처럼 가족이 함께 모여서 '읽기'부터 시작했다면, 이 과정에서는 혼자 또는 함께 질문을 만드는 것부터 시작한다. 책을 읽고 질문을 만드는 방법은 혼자서 책 내용을 곰곰이 들여다보며 만드는 방법, 짝과 함께 이야기를 나누며 만드는 방법이 있다. 각각 장단점이 있다.

혼자 만드는 방법은 이해되지 않는 텍스트의 부분 부분을 스스로 해석하고 고민하며 곱씹는 시간을 충분히 가질 수 있는 장점이 있다. 함께 이 야기를 나누며 질문을 만드는 과정은 활발한 짝 토론을 통해 질문의 활성화가 쉽게 이루어지고 과정이 더 즐겁다. 하지만 전자는 질문이 떠오르지 않을 때는 힘들고, 후자는 함께하는 짝의 생각 속도와 나의 생각 속도가 다를 때 어려움이 있다. 그래서 우리 가족은 주로 혼자서 3~4개를 만들고, 짝과 만든 질문을 공유하며 추가로 질문을 더 만든다. 이 방법은 질문을 만들면서 동시에 1차 토론의 효과가 있어서 좋다.

이런 과정을 거쳐서 뽑아낸 주제 질문은 2~4개 정도면 좋다. 너무 많으면 깊이 있게 이야기를 나누기가 힘들고 시간이 부족하다. 심도 측면에서는 1~2개가 좋지만 아이들이 만든 질문을 하나씩은 꼭 다루고 싶어서 가족 1인당 1개 정도로 주제 질문을 뽑다 보니 우리 가족은 늘 4개가 되기 일쑤다. 그런데 그 4개 중에서 서로 비슷한 것을 묶어서 토론하면 결과적으로는 2~3개의 주제 토론이 되는 경우도 많다.

이 경우 가족 구성원이 뽑은 2~4개의 질문을 토론 순서대로 재배열하는 것이 중요하다. 폭이 좁은 질문부터 확장되는 질문 순서로, 혹은 답을 쉽게 할 수 있는 질문부터 고민을 해야 하는 질문으로, 또는 내용을 확인하는 질문에서 심화 질문, 적용 질문 순서로 배열하면 된다.

예를 들면, 우리 가족이 『어떤 고양이가 보이니』(브랜든 웬젤 글·그림, 애플비북스) 그림책을 읽고 각자 만든 질문 중에서 1개씩 뽑은 질문은 다음과 같다.

다른 사람에게 다르게 보이는 게 좋은 걸까? (큰아들)

왜 보는 눈이 다를까? (작은아들)

나는 내 모습을 어떻게 볼까? (엄마)

이 날은 아빠가 참여하지 못해, 우리 가족 각자의 질문은 세 가지였다. 이 질문을 꺼내 놓고 셋이서 어떤 순서대로 질문을 배열할 것인가를 함께 의논했다. 그 결과, 우리는 엄마 질문, 작은아들 질문, 큰아들 질문 순서로 나아가기로 했다.

여기서 나의 질문인 '나는 내 모습을 어떻게 볼까?'라는 질문은 맨 뒤로 가도 괜찮다. 그런데 우리는 이 질문의 순서에 대해 이야기하다가 '나는 내 모습을 어떻게 볼까? 그리고 가족들이 나를 보는 모습은 어떨까?'까지 확장해서 이야기를 나누기로 했다. 그래서 그림책 속 고양이처럼 가족들이 보는 내 모습과 나 자신이 보는 내 모습이 얼마나 비슷하고, 다른지 확인해 보고 시작하기로 했기에 맨 앞에 놓기로 했다.

첫 질문으로 이야기를 나눠 보니 우리는 서로가 서로를 보는 모습이 전부 달랐다. 그렇게 되니 자연스럽게 작은아들이 제시한 '왜 보는 눈이 다를까?' 질문으로 토론을 이어 가게 되었다. 다르게 보일 수밖에 없다는 의견이 주를 이루었고, 그렇다면 '다른 사람에게 다르게 보이는 게 좋은 걸까?'에 대한 토론으로 또 자연스럽게 이어졌다.

이처럼 토론은 우리가 뽑은 세 질문의 순서 배열대로 흘러갔다. 이날 우리는 큰아들의 질문에 대한 토론 끝에 "나의 진짜 모습은 뭘까? '스스로 나는 이런 사람이야.'라고 표현한다면 어떻게 할 수 있을까?"라는 질문을 추가하여 마무리를 했다. 가족 구성원들이 만든 질문의 순서를 잘 배열하면 매끄럽게 토론을 이어 갈 수 있고, 자연스럽게 추가 질문을 연결할 수 있다.

초기에는 이렇게 여러 가지 주제 질문을 뽑아서 다룰 수 있지만, 점차 익숙해지면 이 주제 질문들을 종합 정리하여 하나의 논제를 만들어 심도 깊게 토론하는 것도 필요하다.

'생각 나누기' 진행 방법
– 짝 토론, 스위칭 짝 토론, 모둠 토론

가족 구성원들이 만든 주요 질문을 토론하기 쉬운 순서로 정리해 토론하는 과정이다. 대부분 자유롭게 자신의 의견을 내놓는 이야기식 토론으로 진행되지만, '질문하기' 과정에서 '주제 질문'이 찬반 논쟁 주제로 정리될 경우에는 찬반 토론을 진행하는 과정이기도 하다.

'생각 나누기' 과정은 크게 1:1 짝 토론, 모둠 토론 두 가지 형식으로 나누어진다. 유대인의 하브루타는 1:1 짝 토론이 기본 구성이다. 왜냐하면 1:1 짝 토론이 가장 말을 많이 할 수 있는 구조이기 때문이다. 덕분에 짧은 시간에도 깊게 토론할 수 있다. 또한 우리 집처럼 형제간의 터울이 많이 나는 경우에는 아빠와 큰아들, 엄마와 작은아들이 1:1 짝 토론 후에 모둠 토론으로 확대하면, 대화 점유율과 집중률이 높아 아이들이 한결 더 즐겁게 몰입해서 참여할 수 있다.

1:1 짝 토론을 활용한 모둠 토론의 방법은 가족들이 하나씩 뽑은 질문

1개를 전체 토론하기 이전에 짝 토론 시간을 2~3분간 먼저 한다. 그런 다음에 짝 토론의 결과를 모둠에서 공유하면서 그 내용에 대해 서로 의견을 자유롭게 주고받으면 된다. 이때 '이끔이'가 시간 체크를 잘해야 하고, 1:1로 이야기를 나누는 가족 구성원들은 주어진 시간에 최대한 자신의 생각을 이야기할 수 있도록 몰입·집중한다.

예를 들면, 이끔이가 "첫번째로 함께 나눌 질문은 '왜 거북이는 잠자는 토끼를 깨우지 않고 그냥 갔을까요?'입니다. 짝과 함께 3분간 먼저 이야기를 나누겠습니다. 시~작!" 하고 발언하면, 가족 구성원들은 자신의 짝과 함께 "너는 어떻게 생각해? 그렇게 생각한 이유는 뭘까?"를 통해 다양한 답을 찾는 토론을 시작한다. 3분 후에 이끔이는 다시 "자, 그러면 짝과 함께 찾은 답에 대해서 한 사람이 간략하게 돌아가면서 발표해 주세요. 다른 팀의 답변을 들으면서 추가 질문이 떠오르거나 생각을 말하고자 하는 사람은 메모를 했다가 잠시 후에 말씀해 주세요."라고 한다. 이렇게 양쪽 모둠의 이야기를 들은 후에 추가로 떠오른 질문과 생각을 자유롭게 토킹스틱을 주고받으며 이야기하면 된다.

이러한 짝 토론과 모둠 토론의 결합 진행은 1:1 짝 토론 시간이 짧은만큼 몰입도가 높아지고, 같은 질문에 서로 다른 의견이 나올 경우 재미와 흥미가 높아진다. 이를 통해 좀 더 역동적인 독서 토론의 분위기가 만들어지기도 한다.

스위칭 짝 토론은 1:1 짝 토론의 짝을 바꾸는 것이다. 아빠와 큰아들, 엄마와 작은아들이 짝 토론을 한 다음에, 다시 짝을 바꾸어 아빠와 작은아들, 엄마와 큰아들이 짝 토론을 하는 경우를 말한다. 4인 가족의 경우,

이와 같은 형태로 3번 짝을 바꾸면 1:1로 전체 가족 구성원이 모두 깊게, 집중해서 토론할 수 있다. 스위칭 짝 토론의 최대 장점은 1:1 짝 토론의 장점과 다자간 토론의 장점을 한꺼번에 흡수할 수 있다는 것이다. 토론 방법에 변화를 주고 싶을 때 활용하면 좋다.

일반적인 모둠 토론은 토킹스틱을 활용해 한 가지 질문에 대해 각자 돌아가면서 자신의 생각을 논리적으로 표현하면 된다. 이때 '이끎이'는 한 사람이 너무 오래 토킹스틱을 붙잡고 있지 않도록 적절한 시간 안배와 대화 점유율을 조정해야 한다. 간단하게 답변을 한 사람의 답에는 그렇게 생각한 이유가 무엇인지를 되물어 좀 더 자세하게 자신의 생각을 말할 수 있도록 도와주어야 한다. 이 모둠 토론의 장점은 차분하게 가족들의 다양한 의견을 듣고, 나누는 데 있다.

4인 안팎의 가족에게는 모둠 토론도 괜찮지만, 1:1 짝 토론의 장점도 자주 활용하면 아이들의 적극적인 참여와 활발한 토론을 진행하는 데 도움이 된다. 이러한 형태로 가족 독서 토론을 연습한 후에 찬반 논쟁 독서 토론으로 나아가기를 권한다. (찬반 논쟁은 145쪽 참고)

'생각 정리' 진행 방법
– 메시지, 버츄(미덕) 찾기, 독서 에세이 쓰기

토론을 마무리하는 단계이다. 질문하고 토론한 후에 책에서 찾은 자신만의 느낀 점과 깨달음, 실천할 점을 통틀어 '메시지'로 발표한다. 버츄

(미덕) 찾기는 버츄 프로젝트의 버츄 카드를 활용해 나의 메시지 혹은 등장인물과 연결하여 '미덕' 단어를 찾고 발표하면 된다.

예를 들면, 샘과 데이브가 어마어마하게 멋진 것을 찾기 위해 땅을 파는 이야기인 『샘과 데이브가 땅을 팠어요』(맥 바넷 글, 존 클라센 그림, 시공주니어) 그림책을 독서 토론 후에 찾은 미덕은 다음과 같다. 중요한 점은 같은 미덕을 찾아도 그 이유가 다를 수 있고, 같은 이유이지만 연결하는 미덕이 다를 수도 있음을 염두에 두어야 한다.

작은아들 : 샘과 데이브가 둘이 힘을 합쳐서 포기하지 않고 끝까지 즐겁게 땅을 팠기 때문에 두 사람에게 빛나는 미덕으로 '협동'을 찾았다. 나도 친구와 함께 놀 때 친구의 의견에 귀 기울이고, 협동하며 놀아야겠다. 그래야 더 재미있게 놀 수 있다.

엄마 : 샘과 데이브가 서로 어떤 말을 해도 반대하지 않고, "그래. 그렇게 해 보자."라며 서로의 생각을 존중하고 맞춰 가는 모습에서 '화합'의 미덕을 찾았다. 누군가와 함께 무엇을 할 때는 상대방의 의견에 존중하며 화합을 이루어 가는 과정이 더 즐거울 것 같다.

나와 작은아들의 이유에서 당연히 끈기, 인내, 경청, 존중 등 더 다양한 미덕도 찾을 수 있다. 이 사례는 미덕과 메시지를 함께 엮어서 정리한 사례이다. 대부분의 경우 미덕과 메시지는 연결된다. 그래서 메시지를 찾기 힘들어 하는 경우에는 '미덕' 찾기를 먼저 하면 한결 쉽게 자신만의 메시지를 찾고 정리하는 데 도움이 된다.

가족 모두가 발표를 마친 후, 바로 이어서 혹은 추후에 독서 에세이를 쓴다. 독서 에세이는 말 그대로 내가 읽은 책을 매개로 나의 생각을 편하게 기술하는 글이다. 글의 전체적인 흐름은 토론을 진행한 순서대로 말문 열기의 느낌 나누기나 생각 열기의 '필사 문장'으로 시작해서 자신의 경험, 주요 질문에 대한 답과 자신의 생각 등의 토론 내용을 정리하고, 마무리로 자신이 정리한 메시지와 미덕을 정리하면 한 편의 글이 완성된다. 스스로 질문하고 토론했기 때문에 글쓰기가 한결 편안하고, 분량 확보가 그리 어렵지 않다는 점이 강점이다. 특히 독서 노트에 토론 전 과정의 핵심이 기록되어 있기에 토론 흐름대로 글을 완성하는 데 큰 어려움이 없다. 토론이 '함께' 하는 과정이라면 에세이는 '혼자' 하는 내면화 작업이다.

어린 자녀들의 경우에는 그림으로 표현하는 독후화, 시로 표현하기, 5행시, 3행시, 한 문장으로 표현하기, 만화로 표현하기, 주인공에게 편지쓰기, 앞이야기 혹은 뒷이야기 상상하기, 이야기 바꿔 보기 등 다양한 방법으로 표현해도 된다.

말을 많이 하면 그 말의 씨앗이 글로 태어난다. 아이들에게 무조건 글을 쓰라고 하기 전에 스스로 질문하고, 토론하며 말을 많이 해 본 다음에 정리하는 시간을 주면 글쓰기가 더 쉽다. 말은 생각 없이 할 수 없기 때문에 말을 많이 했다는 것은 그만큼 많은 생각을 한 것이다. 가급적이면 부모도 자녀와 독서 토론 후에 짧게라도 자신의 생각을 정리하는 글을 꼭 써서 함께 공유할 것을 권한다. 말과 글의 시대에 가정이 최고의 연습장이 될 수 있다.

'소감 나누기' 진행 방법

오늘 가족 독서 토론의 소감을 간단하게 나누고 박수치며 끝내는 과정이다. 독서 토론을 하면서 좋았던 점, 아쉬웠던 점, 건의하고 싶은 내용, 가족 구성원 간의 칭찬과 격려 등을 간단히 발표한 후 마무리하면 된다. 또한 다음 독서 토론 책을 추천하거나 선정할 수도 있고, 가족 독서 토론의 형식에 대해 함께 의논하고 보강하는 시간으로 활용해도 좋다. 이를 통해 우리 가족만의 독서 토론 형식이나 문화를 완성하는 데 도움이 된다.

06

가족 독서 토론
한 단계 점프하기

처음 가족 독서 토론을 시작하면 아이의 질문 하나, 답변 하나에도 감동하고 놀라워한다. 물론 반대로 실망하는 경우도 있다. 하지만 가르치려 하지 않고, 자유롭게 의견을 나누면서 서로를 이해하고, 생각을 확장해 가는 시간을 쌓는다면 최고의 토론 문화, 소통 문화가 만들어진다.

가족 독서 토론이 익숙해지고 나면 조금 더 목마름을 느끼게 되는 순간이 있다. 왠지 우리 가족의 이야기가 너무 가볍게 느껴지거나, 감상에만 치우쳐 있다고 느껴지거나, 좀 더 깊이 있는 대화나 논쟁을 다뤄 보고 싶은 욕심 아닌 욕심이 생겨나는 시기가 온다. 이제 점프가 필요한 시기이다. 가족 독서 토론의 점프를 위한 몇 가지 방법을 소개한다.

① 책 1권을 3~4회에 걸쳐 슬로리딩식으로 토론한다.

특히 분량이 많은 책의 경우는 1차시에는 내용 이해를 위한 질문과 토론을, 2차시에는 주제 질문에 대한 토론을, 3차시에는 주제 질문에서 출발해 찬반 논쟁적 논제로 확대, 연결한 토론을, 4차시에는 종합 정리와 메시지를 찾고, 에세이를 쓰고 공유하는 형태로 진행한다.

이와 같은 방식을 토대로 책의 주제에 맞게, 가족 구성원들의 욕구와 흥미에 맞게 변형하여 진행하면 된다. 꼭 1차시에 토론을 끝낼 필요는 없다. 1차시로만 끝내다 보면 아쉬움이 남을 때가 많으므로 추가로 더 진행하며 끝장토론(?)을 해 보는 것도 갈증을 해소하는 데 도움이 된다.

② 독서+학습의 요소를 가미한다.

시대적 배경 이해가 반드시 필요한 책, 저자에 대한 이해가 필요한 책, 어려운 어휘가 많은 책 등은 '학습'의 요소를 가미해 보자. 시대 배경 조사자, 저자 조사자, 어휘 연구자 등으로 가족들이 역할을 나누어 조사해 온다. 조사한 자료를 알려 줄 때는 일일교사처럼 직접 강의하고, 묻고 답하면서 진행하면 머릿속에 더 오래 남는다.

특히 지식 관련 책이나 역사 관련 책에서는 하브루타의 질문하는 공부법, 말하는 공부법을 활용해 내용 이해를 돕는 방법을 추천한다. 예를 들면, 4·19 혁명에 대해서 다룬 역사책인 『4·19 혁명』(윤석연 글, 소복이 그림, 한겨레틴틴), 『4·19 혁명 가까이』(서찬석 글, 서찬석, 3·15의거기념사업회, 4·19 혁명기념도서관 사진, 어린른이)를 읽을 때는 먼저 내용 확인 질문을 만든다. 내용 확인 질문, 즉 책에서 확실하게 답을 찾을 수 있는 질문이자 역사적인 내용에서 반드시 알아야 할 내용에 대해서 질문을 각각 만든다.

사사오입 개헌이란 무엇인가?

조봉암이 사법살인을 당한 이유는 무엇인가?

국가보안법이란 무엇인가?

3·15 부정선거의 방법은 무엇이 있는가?

3·15 부정선거를 해야만 하는 이유는 무엇인가?

2월 28일, 대구에서 학생의거가 일어난 이유는 무엇인가?

3·15 마산의거가 일어난 이유는 무엇인가?

3·15 마산의거에서 희생당해 마산 앞바다에 떠오른 사람과 당시의 모습은?

의거, 혁명의 의미와 차이점은 무엇인가?

4월 18일, 고려대 학생 시위와 폭력 사건은 무엇인가?

4월 19일, 혁명은 어디서 어떻게 시작되었는가?

4·19 혁명의 의의는 무엇인가?

위와 같은 질문들은 책에서 답을 찾을 수 있고, 4·19 혁명에 대해 제대로 이해하는 과정에서 반드시 필요한 내용이다. 각자가 만든 이러한 질문에 대해 1:1로 짝을 지어 질문하고, 답하는 과정을 먼저 갖는다. 이때 반드시 책에서 답을 찾아 정확하게 확인하며 묻고 답하는 시간을 갖도록 한다. 그런 다음에 다시 짝을 바꾸어 묻고 답하는 과정을 반복한다. 이후에 짝과 함께 나눈 이야기에서 핵심 내용을 다시 발표해 보면 많은 내용이 머릿속에 저장되어 있음을 확인할 수 있다.

이러한 과정을 통해 역사적 사실에 대해 정확하게 이해한 다음에, 두 번째 가족 독서 토론에서 '이승만 대통령에 대해서는 어떻게 평가해야 하는가?', '청소년 정치 참여, 선거권 연령 제한에 대해 어떻게 생각하는가?' 등에 대한 논제로 연결하여 토론, 논쟁하면 사실을 기반으로 한 탄탄한 토론과 논쟁을 이어 갈 수 있다.

③ 찬성, 반대로 나눌 수 있는 논제는 논쟁 하브루타로 진행한다.

찬반 토론, 논쟁이야말로 하브루타의 꽃이다. 유대인들이 주로 하는 하브루타는 바로 이 논쟁이다. 사고를 더욱 날카롭게 벼리는 과정이 되기 때문이다. 이들의 논쟁은 평상시 질문과 토론이 몸에 배어 있기에 더욱 치열하고 날카롭다. 따라서 하브루타가 조금씩 익숙해지면 '논쟁'에 도전해 보자. 앞서 설명한 것처럼 하브루타에서의 찬반 논쟁은 공동의 목표를 갖고 가장 최선의 해결책을 찾기 위한 찬반 토론이다. 그러므로 협동하는 논쟁이다. 그래서 나는 찬반 스위칭 토론을 진행한다.

찬반 스위칭 논쟁은 각자 찬성의 이유와 반대의 이유를 모두 찾아 조사하고 메모한 후, 1차 토론에서의 찬성, 반대 입장을 정한다. 2차 토론에서는 입장을 바꾸어 반대 입장에서 주장한다. 즉 1차에 찬성 입장이었으면 2차에서는 반대 입장이 된다. 처음에는 아이들이 자신이 이상하게 느껴진다고 했다. 처음에는 찬성이라고 말하다가 나중에는 반대라고 말해야 하니 회색분자가 된 것 같다고도 했다. 그러나 양쪽 입장을 모두 경험하고 나서는 "네 말도 맞고, 내 말도 맞다."라며 황희 정승처럼 군다.

이 경험은 최선의 문제 해결 방안을 찾을 때 빛을 발한다. 어느 한쪽에만 치우친 것이 아니라 양쪽 입장을 고려한 최선의 답을 찾는 데 매우 도움이 되기 때문이다. 이처럼 찬반 스위칭 논쟁의 장점은 '길을 두 갈래로 나누어 두드리는'『논어』의 고기양단(叩其兩端)을 실제 경험하는 것이다. 찬성과 반대의 양쪽 입장을 최대한 적극적으로 경험하고 공감한 후에야 비로소 그 중간지점을 제대로 찾을 수 있다.

독서 토론에 활력이 부족하다고 느껴질 즈음 찬반 토론을 진행하면 금세 활기차게 된다. 단 경쟁하기 위해서가 아니라 서로 사고를 더 날카롭게 키우고 발전시키기 위한 과정임을, 서로 주장하는 근거를 더 주의 깊게 경청하기 위한 과정임을 꼭 숙지해야 한다. 그래야 언쟁이 아닌 논쟁을 할 수 있다.

④ 책과 관련된 다양한 외부 활동을 연계한다.

저자 특강을 듣거나, 저자와 책과 관련된 장소로 여행을 떠나거나, 책과 영화를 연결해서 읽기 등을 한다. 근래에는 도서관에서 저자 특강도 자주 열리고, 온라인으로도 저자 특강을 만날 수 있다. 저자로부터 직접 작품 이야기를 듣거나 저자의 작가관, 작품관을 들어 보는 것은 작품에 대한 이해와 독서에 대한 흥미를 북돋는 것뿐만 아니라 또 다른 다면적 독서가 되기도 한다.

저자의 생가나 기념관, 책의 배경이 된 곳으로 여행을 떠나는 것도 좋다. 예를 들어 박경리 작가의 작품을 읽었다면 하동의 최참판댁이나 통영, 원주로 가족여행을 다녀오는 방법이다. 책을 좀더 깊게 이해하는 방법도 되고 가족이 함께하는 문화 체험이 더욱 의미깊어진다.

　이외에도 요새는 책을 주제로 한 팟캐스트나 유튜브 강의, TV 프로그램 등도 꽤 많다. 특히 인문, 고전 분야의 책은 좋은 강의가 많다. 가족 독서 토론 후에 이러한 자료를 찾아서 온 가족이 함께 시청해 보는 것도 좋다.

⑤ 좀 더 어려운 독서에 도전해 본다.

　아이들과 함께하는 독서 토론이 가족 문화로 자리 잡고, 아이들이 초등 고학년으로 자라면, 쉽게 이해되는 책이 아닌 어려운 책을 선정하여 함께 읽으며 토론해 보자. 모티머 J. 애들러는 "자신의 능력 안에 있는 책은 읽어도 실력이 늘지 않는다. 능력 밖에 있는 책, 당신의 머리를 넘어서는 책을 붙잡아야 한다. 그래야만 정신을 확장시킬 수 있다. 그렇지 않으면 배울 수 없다."(조현행,『함께 읽고, 토론하며, 글쓰는 독서동아리』)고 말했다. 혼자서는 이해하기 어려운 고전, 철학서 등을 함께 도전해 본다면 독서 능력과 사고력 성장에 더욱 도움이 된다.

⑥ 가족 독서 토론 후에 쓴 독서 에세이를 다양한 독후감 대회에 응모한다.

　기왕에 쓴 독서 에세이를 잘 다듬어 가족이 다함께 일반부와 초등부, 중·고등부 등으로 독후감 대회에 응모해 보는 것도 추억이다. 상을 타면 더 기분 좋고, 타지 못하면 못하는 대로 추억이 된다. 하지만 주의 사항은 응모할 목적으로 독서 감상문을 강요하면 안 된다는 점이다. '기왕에' 쓴 것을 응모해 보자는 것이다.

　다음에 소개하는 독서 대회 이외에도 전국 지자체는 물론 도서관, 여러 출판사, 온라인 서점 등에서 많은 독서 대회가 진행된다. 대부분의 독서 감상문 대회는 가을에 열리지만 빠르면 4~5월에 진행하는 경우도 있으므로 사전 확인이 필요하다.

독서 감상문 대회

세종도서 독서 감상문 대회(주최 한국출판문화산업진흥원)

글나라 독서 감상문 대회(주최 사단법인 한국독서문화재단)

독서 감상문 공모 대회(주최 사단법인 문학사랑협의회)

어린이 독서 감상문 대회(주최 어린이동산)

창비 어린이 독서 감상문 대회(주최 창비)

놀청소년문학 독서 감상문 대회(주최 다산북스)

Who 시리즈와 함께하는 독서 감상문 대회(주최 다산어린이)

전국 어린이 독서 감상문 대회(주최 전국학교도서관사서협회, 인터파크)

경남 독서 한마당 독서 공모전(주최 창원도서관)

용인 전국 독서 감상문 대회(주최 용인시도서관사업소)

전국 청소년 독서 감상문 발표 대회(주최 사단법인 국민독서진흥회)

3장

추천 도서로 실천하는
하브루타 가족 독서 토론

이 장의 활용 방법

실제로 가족 독서 토론을 시작해 보자. 자녀의 연령대에 맞추어 다양한 책 중에서 골라 진행하면 된다. 처음에는 온 가족이 모여 함께 읽고, 시작할 수 있는 짧은 텍스트인 전래동화, 탈무드, 이솝 우화, 그림책 등으로 하면 매우 좋다.

이 장에서는 짧은 전래동화와 탈무드, 그림책, 단편동화, 시, 역사동화, 고전 등 다양한 영역의 독서 토론을 정리했다. 앞에 소개한 과정대로 샘플 양식대로 진행하거나 텍스트에 따라 조금씩 변형해서 진행한 사례들이다. 실제 가족들이 진행한 사례를 각 가정의 엄마들이 직접 정리한 내용이다. 지면 관계상 가족 전체의 발표를 일부분만 편집하기도 하고, 많은 질문과 토론 내용을 덜어 내고, 줄여서 정리했다.

꼭 소개한 사례처럼 진행해야 하는 것은 아니다. 정답이 아니니 참고하는 용도로 생각하면 된다. 지면을 통해 같은 책으로 다른 가족은 어떤 질문과 이야기를 나누었는지를 확인할 수 있다. '우리 가족은 이렇게 이야기를 나누었는데, 다른 가족처럼 저렇게 이야기를 나눌 수도 있구나.' 하고 또 다른 관점을 확인하며 마치 다른 가족과 함께 하브루타한 기분을 느끼면 된다. 책에 토론 사례를 정리해 준 가족들은 대부분 어린 자녀가 있어서 자유롭게 생각과 느낌을 나누는 데 초점을 두었다.

실제 진행할 때 가장 중요한 것은 어떤 질문과 답에도 서로에게 격려와 칭찬을 해야 한다는 것이다. 30분 이상 한 가지 주제에 집중해서 서로의 생각을 듣고, 내 생각을 이야기하는 과정은 쉬우면서도 어려울 수 있다. 특히 처음 시작하는 경우, 어린 자녀에게는 더 큰 격려와 응원이 필요하다. 아쉬운 점보다는 잘한 점을 찾아내어 서로에게 격려와 칭찬, 박수를 보내 주자. 가족의 문화를 만드는 일에는 노력과 공들임이 필요하다.

일단 시작하면 아이들의 질문과 생각에 놀라고 감탄하게 될 것이다. 질문하는 독서가 가진 힘과 함께 읽는 하브루타의 힘이 가족 간의 친밀한 유대감과 사랑을 키우는 동시에 행복하고 즐거운 성장 과정을 선물할 것이다. 세상에서 제일 좋은 건 가족과 먼저 나누어야 한다. 가정 밖에서의 독서 토론 모임도 중요하고 좋지만, 그 무엇보다 사랑하는 가족들과 가족 독서 토론을 시작하자. 그것이 가족이 함께 성장하고, 추억을 쌓고, 가족 문화를 만드는 첫걸음이다.

하브루타 가족 독서 토론

도서명 (제목, 지은이)		일시	
참가자		이끔이	

느낌 나누기	표지나 제목 등을 처음 보았을 때의 느낌과 읽은 후의 전체적인 느낌 한마디 (1분 토크)
문장 나누기	마음에 드는 문장을 옮겨 쓰고, 그 이유 (페이지 기록)
삶과 연결하기	책 내용과 비슷한 경험 혹은 가족, 친구, 사회 현상(뉴스), 다른 책과 연결 짓기!
질문하기 · 생각 나누기	책을 읽으면서 궁금했던 나만의 질문 3개 이상 자유롭게! 토론 메모 : 하브루타 독서 토론 전체 과정에서 다른 사람들의 보석 같은 질문이나 생각 등을 메모하면 더 좋아요!
메시지와 버츄(미덕)	독서와 하브루타를 통해 책에서 찾은 메시지[느낀 점, 깨달은 점, 실천할 점, 버츄(미덕) 단어]
소감 나누기	하브루타 독서 토론 후의 소감 한마디!

※ 이 양식은 저자의 블로그에서 PDF파일로 다운받을 수 있습니다.

전래동화
하브루타 독서 토론

제목	미련한 소금 장수 아들			소요시간		80분	
지은이	미상	출판사	리틀랜드	쪽수	17쪽	대상	모든 연령
책 소개 및 길라잡이	중학 국어 교과서에도 수록되어 있는 전래동화로 소금 장수 아버지가 미련한 아들에게 소금 파는 방법을 가르쳐 주는 과정에서 벌어지는 이야기이다. 상황이 바뀐 것은 생각지도 않고 아버지가 시키는 대로만 하다가 쫓겨나고 매 맞는 아들이 안타까운 한편, 아버지의 양육에 대해서도 생각해 볼 수 있다. '질문'이 많이 샘솟는 전래동화라 하브루타 독서 토론을 시작하기에 좋은 텍스트이다.						

◆ 토론 가족 : 이연주 님 가족(아빠, 엄마, 딸-초5, 딸-초1)

우리 가족은 언제나 유쾌하다. 하브루타 독서 토론을 시작하기 전에 반드시 '가족 레크리에이션'으로 한바탕 웃음꽃을 피운 뒤 시작한다. 얼마 전에는 '인간 컬링' 놀이를 재미있게 치르고, 즐거운 마음으로 독서 토론을 시작했다. 우리 가족에게 하브루타 독서 토론이란 '유쾌, 상쾌, 통쾌'이다. 즐거운 독서 토론으로 마음은 상쾌해지고, 서로의 마음을 통쾌하게 알아 가는 시간이기 때문이다.

말문 열기
– 느낌 나누기, 나만의 제목 짓기

초1딸 : 머리가 없는 것 같다. 생각을 안 한다. 생각을 많이 했으면 소금을 팔 수 있었을 텐데. 그래서 나는 제목을 '생각 없는 아이'로 바꿨다.

초5딸 : 아빠가 시키는 대로만 하는 마마보이, 파파보이인 것 같다. 내 제목은 '꼭두각시 아들'.

아빠 : 시키는 대로만 해서 미련한 아들인 것 같다. 그 미련한 아들은 부모가 만든 것 같다. 내 제목은 '아빠가 아이를 망쳤어요.'이다.

엄마 : 지금 이 시대, 문제화되고 있는 우리 아이들의 이야기인 것 같다. 자신이 무엇을 좋아하는지 생각지도 않고, 직업을 돈 버는 도구로만 생각하는 아이들이 생각나서 내 제목은 '꿈이 없는 아들'로 정했다.

생각 열기
-문장 나누기

초5딸 : "어이쿠, 엉덩이야! 내가 다시는 소금 장사를 하나 봐라." 무슨 일이든지 실패를 한다고 해서 포기를 하면 안 되고 오히려 더 노력하고 계속 도전해 봐야 한다. 하지만 여기서는 소금 장수를 안 한다고 포기해 버렸다. 나의 생각과는 맞지 않는 것 같다.

아빠 : "이 녀석아, 소금 장수는 아무나 하는 줄 아느냐? 그래, 뭘 어떻게 할 거냐?" 이미 아빠는 아들을 무시하는 말투로 아무것도 못하는 녀석이라는 생각하는 어투가 느껴진다.

질문하기

아빠는 왜 아들을 무시했을까?

아들은 왜 소금 장수가 되길 원했을까?

아들은 왜 스스로 생각하지 않고 아빠 말만 믿었을까?

아들에게 아빠는 어떤 존재일까?

아들은 아버지가 하는 일이라 소금 장수가 쉬워 보였을까?

왜 소금을 팔기 위해 많은 사람이 있는 곳에 갔을까?

미련한 아들은 어떤 일을 하면 잘할 수 있을까?

좋아하는 일이 직업이 되기 위해 나는 노력하고 있나?

내가 잘하고 싶은 일은 무엇인가?

내가 만약 미련한 아들의 부모라면 어떻게 했을 것인가?

생각 나누기
– 모둠 토론

내가 만약 미련한 아들이었다면 어떻게 소금을 팔았을까?

초1딸 : 나는 생선 장수를 찾아갈 것이다. 생선을 팔기 위해서는 소금을 덮어 놓고 팔아야 하니 소금이 꼭 필요할 것이다. 소금을 안 살 수 없는, 소금이 꼭 필요한 사람에게 팔 것이다.

초5딸 : 그 시대 사람들은 소금이 매우 귀한 것이라 일반인들이 쉽게 사지는 못했다. 그래서 돈이 많은 부잣집에 찾아가 팔았을 것이다. 또 사람이 많은 곳을 찾아간다면 시장으로 갈 것이다. 시장 중에서도 유독 잘 팔리는 위치에서 자리를 잡고 물건을 팔면 어느 정도는 팔 수 있을 것이다.

아빠 : 소금을 바로 팔지는 않을 것이다. 물물 교환을 통해 보다 값이 비싸고 사람들이 누구나 필요한 물건으로 바꾼 다음에 팔 것이다. 그럼 손쉽게 팔 수 있을 것이다.

엄마 : 소금의 효능, 장점들을 공부하고 소금이 필요한 사람에게 필요한 이유에 대하여 이야기하며 팔 것이다.

아빠가 아들에게 가르쳐 주려고 한 것은 무엇인가?

초1딸 : 돈을 버는 방법, 사람들이 나를 좋아하게 만드는 방법, 생각을 잘 하게 되는 방법.

초5딸 : 일에 대하여 대충 알려 주었다. 왜냐하면 아빠는 스스로 소금을 팔 수 있는 방법을 알아 가길 원했을 것이다. 아들을 기다려 준 것은 아닐까?

아빠 : 현실을 알고 임기응변할 수 있기를 바랐던 것 같다. 하지만 이 아빠는 아들의 실패를 보지 못하고 자꾸만 답을 가르쳐 주려고 한 것이 잘못되었다. 자식의 실패를 지켜보는 것은 마음 아프지만 그럴 때마다 가르쳐 주면 세상을 쉽게 살아가는 방법을 가르치는 것일 수도 있다. 이런 잘못된 교육관으로 부모가 아이를 망치고 있는 것은 아닌지 생각해야겠다. 내가 만약 아빠였다면 아들이 정말로 하고 싶은 일이 무엇인지 물어보고 적성을 찾아 줄 것이다. 그런데도 정말로 소금 장수가 꿈이라면 무조건 물건을 팔게 하기보다 소금에 대해 먼저 배우게 하겠다. 물고기를 잡아 주기보다는 물고기 잡는 방법을 가르쳐 줄 것이다.

엄마 : 세상은 그리 호락호락 하지 않다는 것을 알려 주려 했던 것 같다. '실패를 하면서 그 상황 상황에 맞는 대처법을 알려 주려 한 것은 아닐까? 단지 아들이 그 대처 상황을 유용하게 잘 사용하지 못했던 것은 아닐까?'라는 생각이 들었다.

생각 정리
– 실천과 다짐, 버츄(미덕)

초1딸 : 생각을 더 많이 해야겠다. 많이 생각하고 행동하면 내가 할 수 있는 일을 더 빨리 멋지게 해 낼 수 있다.

초5딸 : 결과를 먼저 알려고 하지 말고 방법을 스스로 이해하도록 하자. 수학 선생님이 답만 알고 풀이 과정을 모르면 모르는 문제라고 했다. 과정 하나하나 스스로 알아 가는 것이 좋을 것 같다. 미덕 단어는 소금 장수라는 직업을 무시한 자만이 있었던 것 같아서 성장 미덕으로 '겸손'을, 부자간에 서로를 좀더 '이해'하는 미덕이 필요한 것 같다.

아빠 : 아이들에게 결과를 알려 주지 않으리라. 방법을 스스로 깨닫게 할 것이다.

엄마 : 부분을 보는 눈이 아닌 전체를 보는 눈을 기르자. 상황을 잘 파악하고 그 상황을 잘 대처해 나갈 수 있는 문제 해결 능력이 더 중요한 것 같다. 미덕 단어는 '사려와 배려'. 자식을 사려 깊게 바라보아야겠다.

소감 나누기

초1딸 : 우리 가족과 함께하는 것은 다 좋아. 그래서 너무 좋아.

초5딸 : 아빠가 매일 웃겨 주고 즐겁게 해 줘서 우리와 즐거운 것이 최고라고 생각하는 줄 알았는데 교육관이 너무 신중해서 생각의 깊이에 조금 놀랐다.

아빠 : 아이들의 개성 있는 생각들을 들을 수 있었다.

엄마 : 막내가 우리의 이야기에 빠지지 않고 적극적으로 대화에 참여해서 많이 성장했다는 것을 알 수 있었다.

전래동화 하브루타 독서 토론을 위한 추천 도서

『김용택 선생님이 들려주는 전래동화 50 : 교과서에서 쏙쏙 뽑은 이야기』 (김용택 편저, 은하수, 2013)

『옛 이야기 보따리 : 아이들에게 들려주고 싶은 우리 옛이야기 112가지』(서정오 지음, 보리, 2011)

03

탈무드
하브루타 독서 토론

제목	『너무 지혜로워서 속이 뻥 뚫리는 저학년 탈무드』 중 '세상에서 가장 값진 재산'			소요 시간		50분	
지은이	김정완	출판사	키움	쪽수	144쪽	대상	7세 이상
책 소개 및 길라잡이	국내 최초 탈무드 번역가가 엄선한 20가지의 탈무드 이야기가 담겨 있다. 저학년 아이들의 눈높이와 어휘를 맞추어서 글과 그림을 구성했지만, 가족들이 함께 읽고 하브루타 독서 토론을 하기에도 좋다. 탈무드 이야기 1편마다 '왜 말이 중요할까? 진정한 사랑이란 무엇일까?' 등의 질문과 연결하여 작가의 해답도 함께 제시되어 있다. 가족들과 1편씩 하브루타 독서 토론 후, 작가의 질문과 답을 연결하여 확장하면 더 깊은 토론을 할 수 있다.						

◆ 토론 가족 : 한미숙 님 가족(아빠, 엄마, 아들-중2, 딸-초6, 딸-초2)

우리 가족은 아빠, 엄마, 큰아들, 큰딸, 작은딸까지 다섯손가락 가족이다. 사춘기의 절정에 있는 일방통행 중학생, 막 사춘기로 접어든 초6, 막내 고슴도치들도 가족 하브루타 독서 토론을 할 때는 식탁에 모인다. 덕분에 우리는 혼자 고민하지 않고 함께 생각하며 이야기를 주고받는 시간을 계속 이어가고 있다. 우리 가족에게 하브루타 독서 토론은 숨바꼭질이다. 독서 토론을 통해 책 속에 숨겨진 다양한 주제를 찾아가기 때문이다.

말문 열기
- 느낌 나누기

중2아들 : 이 배에는 부유한 사람들만 탄 것 같다. 그래서 배에 탄 모두가 가장 값진 재산을 가지고 있다는 생각이 들었다.

엄마 : 자랑하고 싶은 마음은 어디서나 다 똑같은가 보다. 난 뭘 자랑할까?

초6딸 : 지식이 새삼 중요하다고 느껴졌다. 평소에 지식에 대해 필요성을 느끼지 못했는데, 이 글을 읽고 보니 어려운 상황을 해결할 때 지식이 필요하다는 걸 새삼 생각하게 되었다.

아빠 : 퇴근하자마자 씻고 앉으니 좀 멍하다. 세상에서 가장 값진 재산, 가볍지 않은 내용인 것 같다.

초2딸 : 두 번 읽었다. 내용은 알겠다.

질문하기

만약 무인도가 아니었다면 무엇이 가장 값진 재산이 되었을까?

재산의 가치를 어떤 기준으로 값을 정할 수 있을까?

나는 어떤 진짜 재산을 갖고 싶을까?

'커다란 배, 가득'은 어느 정도일까?

지식과 돈, 비단, 보석 외에 또 다른 값진 재산을 가진 사람은 없었을까?

불을 피워 구조 요청하는 방법 말고 다른 건 없었을까?

사람들은 왜 자랑을 할까?

랍비가 조용히 웃고만 있었던 이유는 무엇일까?

무인도에서는 돈, 비단, 보석이 정말 쓸모가 없는 걸까?

진짜 재산이란 무엇일까?

나에게 세상에서 가장 값진 재산은 무엇일까?

내가 만약 어려움에 처한 상황이라면 난 어떻게 대처했을까?

생각 나누기
─ 모둠 토론

가장 왕성하게 토론한 '진짜 재산이란 무엇일까?'에 대한 저마다의 답이 다양하다.

중2아들 : '시간, 우정, 지식'이 진짜 재산이다. 나를 살아 있는 존재로 확인케 하는 것이 시간이기 때문이다. 지식은 내 삶의 행복 요소 중 하나이다. 지식으로 자신이 원하는 삶을 계획하고 실천해 갈 수 있다. 우정은 나와 떼려야 뗄 수 없는 분신이다. 사람은 사회적 동물이므로 혼자서 살 수 없다. 그 중에서도 자신이 좋아하는 친구와 함께 살아가는 사람이 최고로 행복한 사람이다. 친구들이 있어 외롭지 않고 행복하다.

초6딸 : '가족, 악기, 나 자신'이 재산이다. 가족은 존재 자체만으로 가장 소중한 재산이다. 피아노, 바이올린 등의 악기를 연주할 때는 복잡한 생각을 까맣게 잊어버리고 집중할 수 있기 때문에 소중한 재산이다. 마지막으로 나 자신은 내 인생을 나의 의지대로 계획하고 실천할 수 있기 때문에 소중하다.

초2딸 : '가족, 인형, 성경책'이다. 가족 특히 엄마 아빠는 나를 태어나게 해 주었으니 당연히 최고로 소중하다. 성경책은 잠이 안 올 때 읽으면 잠이 잘 와서 최고이다. 더불어 책도 나에게 지식을 많이 알려 주기 때문에 최고의 재산이다. 나는 와작와작 책 먹는 아이이다.

아빠 : 아주 현실적으로 '가족, 집, 차'이다. 가족은 나를 존재하게 하는 중심이고, 우리 가족이 따뜻하게 편안하게 보호받을 수 있는 공간인 집, 우리 가족을 움직이게 돕는 자동차, 이 세 가지는 트라이앵글 구조로 최고의 재산이다.

엄마 : '가족, 신앙'이다. 가족은 확장된 의미로는 사람이다. 결국 나에게는 사람과 신앙이다.

소감 나누기
– 엄마의 후기

가족 독서 토론은 서로 간의 힘듦도, 아픔도, 감사도 함께 나누는 시간이 된다. 탈무드 하브루타 시간에 가족들의 질문과 답을 듣다 보니 가족들의 현재 마음과 상황이 보였다. 엄마 아빠의 품보다 친구와 함께하는 24시간도 모자란다고 투정부리는 중2 큰아들, 자신만의 시간을 보내면서도 나태함을 허락지 않아 계획과 실천 100%인 초6 큰딸, 자신이 즐거우면 세상 모두가 행복해 보이는 막내, 자기 어깨의 짐이 우리 가족임에도 가족에게서 안식을 찾는 남편. 그런 남편에게 내가 무엇을 해 주어야 할까를 생각하게 한 시간이었다.

뿐만 아니라 그동안 깊게 생각해 보지 않았던 진짜 재산, 값진 재산에 대해 생각해 보는 계기가 되었다. 당연하게 여겼던 것들에 대해 다시금 그 소중함을 느꼈다. '그 소중함을 잊어버리지 않기 위해 우리는 어떻게 해야 할까?'에 대해 토론했다. 메모지에 적어 매일매일 읽기, 매일 서로에게 문자나 가족 톡방으로 인사 나누기, 한 달씩 기간을 정해 실천 100% 사람에게 소정의 선물하기, 가족여행 가기, 엄마 아빠만 서로 좋아하지 않기, 하브루타 독서 토론을 빠지지 않고 정해진 날에 꼭 하기 등으로 방법을 찾았다. 덕분에 우리 가족의 사랑은 더 진해지고 뜨거워졌다.

탈무드 하브루타 독서 토론을 위한 추천 도서

『초등 학생을 위한 탈무드 111가지』(편집부 편, 세상모든책, 2002)

『탈무드의 지혜 : 세계를 움직이는 지혜의 보고』(마빈 토케이어 지음, 현용수 편역, 쉐마, 2017)

04

그림책
하브루타 독서 토론

제목	『눈물바다』			소요 시간		60분	
지은이	서현	출판사	사계절	쪽수	42쪽	대상	모든 연령
책 소개 및 길라잡이	주인공은 자기의 의지와 상관없이 힘들고 슬픈 하루를 보낸다. 시험은 망치고, 점심은 맛이 없고, 짝꿍이 약 올려 혼자 혼나고, 비는 오는데 우산이 없어 박스를 쓰고 집에 오고, 집에 오니 엄마 아빠는 부부싸움을 하고 엄마는 부부싸움의 앙금으로 주인공을 혼낸다. 아이는 마음이 아파 혼자 울다가 급기야는 눈물바다를 이룬다. 눈물바다에서 즐거워하며 시간을 보내다가 자기를 아프게 한 모든 이를 용서하게 된다.						

◆ 토론 가족 : 이선희 님 가족(아빠, 엄마, 아들-초6, 아들-초3)

뒹굴뒹굴하며 책 읽기를 좋아하는 가족이다. 시간만 나면 아이들은 소파에서 책을 읽고, 우리 부부는 침대에 엎드려서 책을 읽는다.

하브루타를 하면서 달라진 점이 있다. 각자의 책을 읽고 수시로 서로의 느낌도 나누고 질문도 한다는 점이다. 대화가 많아지니 서로 친밀해질 수밖에 없고, 친밀해지니 사랑이 두터워질 수밖에 없다. 하브루타 가족 독서 토론은 사랑이다.

말문 열기
-나만의 제목 짓기

아빠 : 아이러니한 웃음, 마음은 슬픈데 밖으로는 웃어야 하는 상황에서 아이의 슬픔이 느껴진다. 마치 방송일을 하는 사람들이 개인적인 슬픈 감정을 감추고 카메라 앞에서는 웃어야 하는 상황인 듯하다. 나만의 제목은 '아이러니한 웃음'이다.

엄마 : 아이의 눈 속에서 모든 것이 떠내려간다. 아이는 눈물을 흘리고 있지만 시원해 보인다. 마치 내가 가슴이 답답할 때 울고 나면 속이 시원한 것처럼 아이를 보는 나도 속이 시원해진다. 나만의 제목은 '태풍이 몰아친 뒤'이다.

초6아들 : 울고는 싶은데 누가 자꾸 웃겨서 울지 못하는 것 같다. 내가 전에 울고 싶은데 엄마 아빠가 자꾸 웃겨서 울고 싶은 기분이 사라졌을 때가 생각난다. 나만의 제목은 '눈 안의 세상'이다.

초3아들 : 울다가 웃으면 엉덩이에 털 난다. 울음과 웃음이 동시에 일어나고 있다. 나만의 제목은 '행복한 눈물'이다.

생각 열기
- 가장 기억에 남는 한 장면

아빠 : 남자 공룡과 여자 공룡이 싸우는 장면. 학교에서 여러 가지 일을 겪고 집에 돌아왔는데 엄마 아빠가 싸우는 모습을 보는 아이의 마음이 슬프다는 게 공감이 갔다. '우리가 부부싸움을 했을 때 우리 아이들의 마음은 어떨까?' 하는 생각을 했다.

초5아들 : 시원한 장면. 나도 가슴이 답답하거나 슬플 때 울고 나면 속이 시원해지기 때문이다.

질문하기

아이는 조금 더 긍정적으로 세상을 볼 수 없을까?

아이는 이제 슬프지 않을까?

아이는 자기를 아프게 했던 사람들을 어떻게 용서했을까?

왜 눈물이 안 멈췄을까?

아이는 얼마나 슬펐을까?

눈물을 흘리는 것은 나쁜 것일까?

슬플 때 눈물을 흘리면 왜 시원해지지?

남자 공룡과 여자 공룡은 왜 싸웠을까?

몸과 마음의 상처는 어떤 관계가 있을까?

작가는 어떤 생각으로 이 책을 만들었을까?

나는 슬플 때 어떻게 하지?

내가 가장 슬플 때는 언제인가?

생각 나누기
– 모둠 토론

우리 가족 하브루타 중 가장 마음속 깊이 자리 잡는 에피소드는 둘이
다. '내가 가장 슬플 때는 언제인가?'와 '남자 공룡과 여자 공룡은 왜 싸웠
을까?'이다.

내가 가장 슬플 때는 언제인가?

아빠 : 우리 가족에게 세상에서 가장 좋다는 건 다 해 주고 싶고, 가장
행복하게 해 주고 싶은데 마음대로 안 되는 지금 상황이 가장 슬프다.

엄마 : 내 마음은 내가 알아차리고 다스려야 하는데 내 마음을 내가 다
스리지 못해 주변 사람들에게 화를 내곤 한다. 그때 나 때문에 상처를 받

은 사람들을 생각하면 슬프다.

초5아들 : 고민을 말하고 싶은데 말할 대상이 없어서 얘기를 못할 때 외롭고 슬프다.

초3아들 : 미술학원에서 선생님이 나한테 짜증 낼 때 화도 나고 슬프다.

큰아들의 대답에 왜 대화 상대가 없는지를 묻자 그동안 가슴속에 응어리졌던 말들이 나왔다. 친구들은 자기를 무시한다고 했다. "무시하는 게 어떤 건지 자세히 말해 줄래?" 했더니 친구들이 자기 말을 안 들어 주는 거라고 했다. 순간 내가 아이를 양육하는 방법이 떠올랐다. 나도 그 친구들과 다를 게 하나도 없었다. "엄마 아빠도 널 무시하는 사람 중에 한 사람이니?"라고 물었더니 고개를 끄덕였다. 순간 나도 책처럼 눈물바다가 될 뻔했다. 아이에게 미안하고 고마워서였다. 그런 엄마인데도 좋다고 와서 안아 주고 얘기해 주는 게 너무 고마웠다. 남편과 나는 아이들 앞에서 다짐했다.

첫째, 너희와 대화할 때는 너희의 눈을 바라볼게.

둘째, 너희의 말을 끝까지 다 들을게.

만족스러운 표정의 아이들을 보며 이 자리에 '온 가족이 함께'라는 사실에 감사했다.

매번 가족과 함께하는 독서 토론은 서로를 좀 더 잘 알 수 있는 계기가 되고, 각자의 방식으로 서로를 배려하고 사랑하고 있음을 깨닫는 시간이 된다.

생각 정리
-실천과 다짐

아빠 : 아이들 앞에서 항상 아빠와 엄마가 사이좋게 서로 사랑하는 모습을 보여 주어야겠다. 아이들과 한 약속을 잘 지켜야겠다.

엄마 : 아이들 앞에서 한 다짐을 잘 지키기 위해 하던 일이 있어도 멈추고 아이들을 바라보고, 아이의 생각을 미리 판단하고, 내가 옳다는 생각으로 아이들의 말을 자르지 말아야겠다.

초5아들 : 고민이 있으면 그때그때 말하자. 왜냐하면 참고 견디면 정신적 고통이 더 커지니까 고통이 커지기 전에 말해야겠다.

초3아들 : 슬플 때는 엄마 아빠에게 말을 해야겠다.

05

단편동화
하브루타 독서 토론

제목	『나쁜 어린이 표』			소요 시간		60분	
지은이	글 황선미 그림 권사우	출판사	이마주	쪽수	88쪽	대상	초3 이상
책 소개 및 길라잡이	국내 창작 동화 최초 100쇄 출간, 100만 부 돌파를 기록한 우리 동화책의 새 역사를 쓰고 있는 동화책이다. 3학년이 된 건우는 반장 선거에서 떨어진 날에 '나쁜 어린이 표'까지 받게 된다. 표를 안 받으려고 노력하지만 번번이 받고 마는 건우는 결과만을 보고 판단하는 선생님에게 억울하고 속상한 마음이 든다. 그래서 수첩에 자신만의 '나쁜 선생님 표'를 만든다. 황선미 작가는 자신의 학창 시절 추억과 큰아들의 경험으로 썼다고 한다. 가족 독서 토론을 통해 부모의 학창 시절과 자녀들의 경험을 함께 나눌 수 있는 책이다.						

◆ 토론 가족 : 전수형 님 가족(아빠, 엄마, 딸-중3, 아들-초3)

아빠, 엄마, 대학생 딸 둘과 중학생 딸과 초등학생 아들까지 하루하루가 드라마틱한 가족이다. 하브루타 독서 토론이란 우리 가족에게는 식사 후 먹는 새콤달콤한 후식이다. 왜냐하면 입안 가득 남아 있는 상큼함과 달콤함이 오랫동안 머무르고 기억되기 때문이다. 하브루타를 하면서 가족 구성원이 많고 다양한 것은 가장 큰 장점이다. 다양한 생각을 나누고, 불일치한 감정들이 있더라도 찬반으로 나누어 이야기하며 서로를 더 잘 이해하고 알게 되기 때문이다. 특히 하브루타를 통해 서로 이해하려는 노력으로 부부 사이가 알콩달콩한 신혼이 되었다.

말문 열기
- 느낌 나누기

초3아들 : 나쁜 어린이만 적어 놓는 표인지 알았다.

중3딸 : 학교 가기 싫어하는 것 같았다.

엄마 : 나쁜 어린이 표는 누가 주는 것일까? 착한 어린이 표는 없을까?

아빠 : 초등학교 시절이 생각났다.

생각 열기
- 삶과 연결하기

중3딸 : 초등 3학년 때 합동이 잘 이루어지는 모둠에게는 스티커를 주었는데 그 스티커를 받고 선물을 받기 위해 모둠이 함께 노력했다. 스티커는 도움이 된다.

초3아들 : 독서를 많이 해서 칭찬 스티커를 제일 많이 받아 필통 선물을 받았다. 스티커의 장점은 스티커를 받기 위해 노력하게 된다. 단점은 스티커를 받기 위해 선생님과 친구를 속일 때가 있다. 스티커의 개수에 따라 선물을 못 받는 아이들이 있다.

아빠 : 아빠 어릴 적에는 나쁜 어린이 표는 없었고 체벌이 있었지만 체벌에 대한 불만은 없었다. 초등학교 6학년 미술 시간에 나와 또 다른 남학생이 준비물을 안 챙겨 간 적이 있었다. 그 일로 나(아빠)만 미술 시간마다 꾸중을 들었다. 선생님께서 왜 그러셨는지 추측만 할 뿐 정확한 이유는 모른다. 억울하고 기분이 나빴다.

엄마 : 아버지께서 자주 들려주는 이야기가 있다. 내가 4학년 때 학급위원을 뽑는데 성적으로는 내가 뽑히는 건 당연한 사실인데 담임선생님께서 직접 편지를 보냈다고 했다. 학급위원 자리를 특정 누구를 위해 양보해 달라는 편지였다. 그 편지를 받고 아버지가 많이 속상하셨던지 아직까지도 그때 이야기를 하신다. 우리 때만 해도 지금의 스티커처럼 억울한 경우가 많았던 것 같다.

질문하기

건우는 어떻게 나쁜 선생님 표를 만들 생각을 했을까?

선생님은 왜 건우의 이야기도 들어보지 않고 나쁜 어린이 표를 주었을까?

나쁜 어린이 표와 착한 어린이 표에 대한 선생님의 기준은 무엇일까?

고자질한 아이에겐 왜 나쁜 어린이 표를 주지 않았을까?

나쁜 선생님 표를 수첩에 쓸 때마다 건우의 마음은 조금씩 풀렸을까?

칭찬 스티커를 받은 아이들이 나쁜 어린이 표를 받지 않기 위해 끼리끼리 논다고 하는데 그러면 진정한 친구를 잃을 수도 있지 않을까?

나쁜 어린이 표를 많이 받은 아이들이 무신경해져 '난 원래 이런 아이야.'라고 인정해 버리면 어떤 일이 일어날까?

스티커의 개수로 착한 애인지 나쁜 애인지 판단해 버리는 건 잘못된 기준이 아닐까?

나쁜 어린이 표 스티커가 필요하다고 생각하는가?

요즘 아이들은 나쁘다, 나쁘지 않다를 어떻게 판단할까?

칭찬 스티커를 받기 위해 내가 한 노력은 무엇일까?

칭찬 스티커를 받기 위해 '척'하는 행동을 한 적이 있는가?

억울하게 나쁜 어린이 표를 받은 경험이 있는가?

생각 나누기
– 모둠 토론

나쁜 어린이 표가 필요할까?

엄마 : "나쁜 어린이 표를 받을까 봐 나쁜 어린이 표를 받은 아이들과 놀지 않는다."라는 내용에 마음이 아팠다. 선생님의 기준으로 판단하여 나쁜 어린이 표를 주는 건 불공평하다고 생각한다. 나쁜 어린이 표라는 꼬리표를 달게 되어 선입견을 가지고 바라보는 선생님이나 친구들의 시선 때문에 더 나쁜 아이가 될까 걱정이 되기도 한다. 이 방법은 여러 명의 아이를 통제하기 위해 선생님들이 선호하는 방법이다. 나쁜 어린이 표라는 이름 대신 착해진다 표, 할 수 있다 표 등 긍정의 스티커를 만들어 활용하는 건 어떨까?

초3아들 : 나쁜 어린이 표와 착한 어린이 표는 필요 없다고 생각한다. 나쁜 어린이 표에 대한 벌칙이 너무 크다. 스티커로 인해 착한 아이, 나쁜 아이로 판단하는 게 잘못됐다고 생각한다. 스티커를 받기 위해서 착하게 행동하는 것이 아니라 자기 자신이 착한 마음을 가지고 있으면 착한 행동을 자연스럽게 하게 되기 때문이다.

중3딸 : 나쁜 어린이 표가 많은 아이들에게 교내 대회의 기회도 공평하게 주지 않는 것은 나쁘다. 못한다는 선입견을 가지고 판단하는 것이 바람직하지 않다. 공부를 못해도 다른 재주를 가진 아이들도 많은데 공평한 기회를 가질 수 있도록 용기와 격려를 해 주었으면 한다.

아빠 : 단체를 통제하기 위해선 필요하다. 단 규칙이 일관성 있고 누구

나 납득할 수 있어야만 불만이 생기지 않을 것이라 생각한다. 나쁜 어린이 표로 나쁜 행동을 자제할 수 있게 하는 것은 상관없지만 칭찬 스티커는 필요 없다고 생각한다. 칭찬 스티커를 받기 위해 '~척하는' 거짓된 행동을 할 수도 있기 때문이다. 하지만 기본적인 예의와 옳고 그름을 판단할 수 있는 인성 교육이 제대로 이루어진다면 나쁜 어린이 표, 착한 어린이 표는 사라질 것이다.

생각 정리 및 소감 나누기

아빠 : 아이들이 읽는 짧은 동화책 한 권으로 사회의 모든 단면(예 : 갑과 을의 관계)을 보여 주는 것 같아서 놀라웠다. 자신의 행동에 책임을 질 수 있는 사람이 되자.

초3아들 : 스티커의 유혹에 흔들리지 말고 나 스스로 바르게 행동하자.

중3딸 : 결과보다 과정에 충실하고 내가 만족할 수 있는 삶을 살자.

엄마 : 자신의 기준으로 다른 사람을 평가하지 말고 함께 행복하자.

06

시
하브루타 독서 토론

제목	『엄마의 런닝구』 중 '엄마의 런닝구'			소요 시간		60분	
지은이	한국글쓰기연구회 편저	출판사	보리	쪽수	206쪽	대상	초1 이상
책 소개 및 길라잡이	한국글쓰기교육연구회는 전국의 초·중·고등학교 선생님들이 어린이와 청소년의 참된 삶을 가꾸는 일을 연구하고 실천하기 위해 만든 모임이다. 이 책에 수록된 시는 연구회의 교사들이 지도한 아이들의 시이다. 시 한 편을 가족이 함께 낭독하고, 그 시에 대해 질문하고 이야기를 나누며 서로의 감상과 생각을 나눈다. 각자 시를 따라 써 봐도 좋고, '제목 바꾸기'를 해도 재밌고, 시에서 미덕 찾기 등 짧은 시 1편으로도 멋진 독서 토론이 가능하다. 비슷한 시 2~3편을 함께 진행해도 된다.						

◆ 토론 가족 - 이미은 님 가족(아빠, 엄마, 아들-초3, 딸-초1)

같은 책을 읽고 질문을 만들고 토론하는 과정에서 꽁꽁 숨겨 뒀던 각자의 고민거리까지 자연스럽게 주고받을 수 있는 행복한 가족이다. 늘 듬직했던 초1 딸아이가 칭찬받음의 부담감에서 벗어나 하루 종일 혼자만의 시간을 갖고 싶어 한다는 속마음을 알 수 있었고, 책 속 '주인공처럼 친구 때문에 힘든 마음일 때는 어떻게 해야 할까?'라는 질문을 통해 자기 표현을 잘 하지 않는 내성적인 10살 아들이 친구 때문에 마음이 힘들어 울었다는 것도 알게 되었다. 서로의 마음을 자연스레 나눌 수 있는 하브루타 독서 토론을 통해 우리 가족은 하나가 되어 간다.

오늘의 시 함께 낭독하기

엄마의 런닝구

-배한권(경산 부림초등학교 6학년)

작은 누나가 엄마 보고

엄마 런닝구 다 떨어졌다

한 개 사라 한다.

엄마는 옷 입으마 안 보인다고

떨어졌는 걸 그대로 입는다.

런닝구 구멍이 콩만 하게

뚫어져 있는 줄 알았는데

대지비만 하게 뚫어져 있다.

아버지는 그걸 보고

런닝구를 쭉쭉 쨌다.

엄마는

와 이카노

너무 쨰마 걸레도 못 한다 한다.

엄마는 새 걸로 갈아입고

쨰진 런닝구를 보시더니

두 번 더 입을 수 있을 낀데 한다.

말문 열기
─ 느낌 나누기

초3아들 : 엄마는 짠순이 같다. 구멍이 나도 계속 입어서이다. 그리고 엄마의 런닝구에 구멍이 나서 엄마도, 런닝구도 불쌍한 마음이 든다.

초1딸 : 엄마의 런닝구에 난 구멍이 얼마나 큰지 생각하니까 재미있고 왜 새로 안 사는지 궁금하다.

아빠 : 옛날 생각이 나서 조금 슬펐다.

엄마 : 어린 시절 생각이 나서 가슴이 아프고 눈물이 날 것 같다.

모르는 단어 알아보기 : 대지비란?

초3아들 : 크기를 나타내는 물건일 것 같다.

초1딸 : 할머니가 사용하는 물건 중 하나일 것 같다. 왜냐하면 할머니
는 가끔 알아듣기 힘든 말(사투리)을 많이 해서이다.

사전적 의미 : 대접을 일컫는 경상도 지방의 말. 국을 담을 수 있는 오
목한 그릇.

생각 열기
- 문장 나누기

초3아들 : "엄마 런닝구 다 떨어졌다. 아버지는 그걸 보고 런닝구를 쭉
쭉 쨌다." 구멍이 나도 엄마가 짠순이라서 계속 입는 것 같고, 아빠가 엄
마의 런닝구를 찢어서 런닝구가 불쌍해진다. 아빠가 왜 더 찢었는지 이
유를 잘 모르겠다.

초1딸 : "엄마 런닝구 다 떨어졌다 한 개 사라 한다." 할머니가 나의 내
복이 떨어져서 사라고 했던 말이 생각나고 말투가 재미있다.

아빠 : "와 이카노". 엄마의 근검절약 정신이 담긴 강력한 한마디인 것
같다.

엄마 : "너무 째마 걸레도 못 한다 한다. 두 번 더 입을 수 있을 낀데 한

다." 가족을 위하는 엄마의 억척스러운 마음이 잘 담긴 것 같다.

생각 열기
– 삶과 연결하기

초3아들 : 새 내복인데 무릎에만 구멍이 자꾸 나서 엄마한테 혼났던 기억이 난다.

초1딸 : 내복 바지 무릎에 구멍이 크게 났을 때 나는 시원해서 그 내복이 제일 좋았는데 할머니가 나도 모르게 버려서 속상했던 기억이 난다.

아빠 : 우리 이모는 넉넉한 형편인데도 불구하고 지금도 떨어진 이모부 런닝을 입고 계시는데 예전의 습관을 버리지 못하는 모습에 씁쓸하기도 하고 이모에게 고맙기도 하다.

엄마 : 초등 시절에 우리 집 걸레도 항상 떨어진 런닝이나 내복, 면으로 된 낡은 옷이었는데 그 걸레마저도 엄마가 바느질해 가며 개울가에서 깨끗이 빨던 생각을 하니 마음이 아프다.

질문하기

엄마의 런닝구는 왜 구멍이 났을까?
엄마가 입고 있는 런닝구는 원래 누구의 것이었을까?

엄마는 왜 구멍 난 런닝구를 계속 입었을까?

대지비만 한 구멍은 런닝구 어디에 나 있을까?

엄마는 구멍 난 런닝구를 입을 때마다 어떤 마음이었을까?

아버지는 왜 엄마의 런닝구를 찢었을까?

엄마의 모습을 본 아이들은 어떤 생각을 했을까?

우리 엄마는 옛날 우리 집이 힘들 때 어떻게 잘 버틸 수 있었을까?

풍요로움 속에 내가 잊고 있는 것은 무엇일까?

생각 나누기

아이들이 가장 궁금했던 질문은 '엄마는 왜 구멍 난 런닝구를 계속 입었을까?'와 '아버지는 왜 엄마의 런닝구를 찢었을까?'였다.

처음에 아이들은 엄마가 짠순이라서 구멍 난 런닝구를 아끼려고 입는 것이라고 했다. 할머니도 엄마가 어렸을 때 그랬다고 하자 아이들은 '지금 우리 할머니는 짠순이가 아닌데 왜 그랬을까?'라는 또 다른 질문을 하면서 지금처럼 우리에게 맛있는 것 사 주려고 그런 것 같다며 런닝구 엄마도 가족을 위해서 돈을 모아 가족을 먹여 살리려고 그런 것 같다고 이야기했다.

아들은 엄마가 많이 아끼려고 하는 것을 보니 런닝구의 주인은 엄마 것이 아닐 수도 있겠다며 아빠 것인데 버리지 않고 입었을 것이라 하고, 이에 딸은 원래 엄마 것인데 가족 걱정에 밤에 잠을 잘 때 몸부림을 많이

쳐서 구멍이 났을 것이라 하면서 엄마는 가족을 위해 고생을 많이 하는 것 같다고 말했다.

아버지가 런닝구를 찢은 이유도 낡아서 버려야 하는데 엄마가 자꾸 입으니까 이제는 고생 그만하라고 찢은 것 같다고 했다. 우리 가족은 엄마의 억척스러운 절약과 가족에 대한 아버지의 책임감과 미안함이 무뚝뚝하게 표현된 것으로 시를 감상했다.

그리고 '예전 어머니들의 억척스러운 절약으로 지금의 우리가 존재하는 것이 아닐까?'에 대해 이야기를 나누면서 '풍요로움 속에 현재 우리가 잊고 있는 것은 무엇일까?'란 질문으로 토론하며 현재의 우리를 돌아보며 반성하기도 하고 앞으로의 실천을 다짐하기도 했다.

아이들은 장난감을 사고 싶을 때 끈기와 자율을 빛내서 정말 필요한 것만 사고 자신의 물건을 소중하게 아끼면서 용돈의 일부를 도움이 필요한 사람에게 나누어 주겠다고 했으며, 아빠와 엄마는 풍족한 현재에 감사하고 내가 가진 작은 것이라도 타인에게 도움이 된다면 그들을 공감하고 즐겁게 나누며 살아야겠다는 다짐을 했다.

이밖에도 지금 우리가 도움을 받고 있는 분들과 우리 가족을 위해 고생하시는 할아버지, 할머니에 대한 마음을 헤아려 보았다. 감사함을 어떻게 표현할 것인지, 나눔이란 무엇인지, 나눔을 실천할 때의 마음가짐에 대해 다양하게 토론하면서 우리 가족의 생각과 마음을 따뜻하게 공감할 수 있었다.

생각 정리
– 미덕으로 메시지 찾기

초3아들 : 이 시에서 찾은 미덕은 '끈기'이다. 시의 엄마는 가족을 먹여 살리기 위해서 힘들어도 끝까지 노력했기 때문에 끈기가 빛나 보인다. 나도 런닝구에 나오는 엄마처럼 숙제할 때 힘들어도 힘을 내서 끝까지 할 것이다.

초1딸 : 내가 찾은 미덕은 '배려'이다. 런닝구에 나오는 엄마는 자신보다 가족을 더 위하는 마음이 있는 것 같아서 배려의 미덕을 선물로 주고 싶다. 나도 앞으로 오빠와 할아버지를 위해 속상한 마음을 참고 더 많이 이해할 것이다.

아빠 : 내가 찾은 미덕은 '헌신'이다. 가족을 위해 절약하는 엄마의 마음에는 헌신이 빛나는 것 같다. 나도 사랑하는 가족들을 위해 책임감을 갖고 나의 삶에 최선을 다하겠다.

엄마 : 나의 미덕은 '사랑'이다. 사랑은 모든 것을 위대하게 만드는 것 같다. 엄마가 힘든 삶을 잘 버틸 수 있는 것도 사랑하는 가족이 있기 때문이라 생각한다. 나의 버팀목이 되어 주는 가족의 소중함을 늘 잊지 말아야겠다.

소감 나누기

초3아들 : 처음에 '엄마의 런닝구' 시를 읽었을 때는 이해가 잘 안 되었는데, 독서 토론을 하면서 엄마가 가족들을 위해 아끼려고 한다는 것을 알았다.

초1딸 : 아빠가 동시를 읽어 주어서 너무 좋다. 아빠는 어쩌다 한 번씩 책을 읽어 주는데 오늘도 재밌게 잘 읽어 주어서 좋다. 일요일 저녁에 엄마랑 아빠랑 오빠와 함께 책을 읽어서 좋은데 할머니가 없어서 아쉬웠다. 다음에는 할머니하고도 같이 하면 좋겠다.

아빠 : 서로의 생각을 나눌 수 있고 즐거운 대화를 할 수 있는 이 순간이 가족 사랑이라 생각한다. 함께 책을 읽으며 서로의 마음을 이해하고 토닥여 주고 안아 주는 가족이 있어 좋다. 가족을 위한 희생이 고귀한 것도 이런 이유인가 보다. 희생은 한 사람의 일방적 헌신이 아니라 서로가 서로를 생각하고 아껴 주고 사랑하는 가운데 고귀해질 수 있고 사랑이라는 다른 이름으로도 불릴 수 있는 것 같다. 사랑하는 가족들과 함께 있음에 감사하고 행복하다. 하브루타 독서 토론은 가족들에게 참 좋은 기회인 것 같다.

엄마 : 엄마의 런닝구에 뚫린 대지비만 한 구멍에 나는 울컥했다. 어린 시절 나의 엄마가 떠올랐다. 새벽에는 채소를 뜯어 시장에 다녀오시고 낮에는 밭일에, 논일에 그리고 틈틈이 집안일을 하셨던 우리 엄마. 늘 고생만 했던 것 같아 마음이 아프다. 우리 엄마는 그 힘든 시절을 어떻게 잘 버틸 수 있었을까? 런닝구에 나오는 아빠처럼 나도 엄마에게 무뚝뚝하게

건넸던 말들이 생각난다. 그땐 왜 그리 서툴고 철이 없었던지…. 후회스런 마음이 나를 더 아프게 한다. 하브루타 덕분에 반성하고, 추억도 꺼낼 수 있어서 좋았다. 나의 어린 시절로 가족들을 초대할 수 있어서 우리가 더 하나된 것 같았다.

07

명화 감상
하브루타 독서 토론

제목	「그림의 힘 –최상의 리듬을 찾는 내 안의 새로운 변화」			소요 시간		50분	
지은이	김선현	출판사	8.0	쪽수	368쪽	대상	초1 이상
책 소개 및 길라잡이	미술치료 분야에서 최고 권위자인 저자가 삶에서 가장 중요한 영역 '일, 사람, 관계, 돈, 시간, 나 자신'을 테마로 하여 심리 치료 효과가 있는 그림을 정성껏 골라 담은 책이다. 순서에 관계없이 그림을 감상하거나, 자신의 마음과 상황에 맞춰 그림을 골라 감상해도 된다. 스스로 해 보는 명화 테스트도 있어 가족이 함께 해 보면 서로의 감정을 이해하는 데 도움이 된다. 각자 마음에 드는 그림을 가족들에게 소개하며, 이야기를 나누어도 좋고, 그림 1점을 골라서 질문하고 이야기하며 감상해도 좋다.						

◆ 토론 가족 – 우리 가족(아빠, 엄마, 아들-중3, 아들-초4)

『그림의 힘』에 실린 여러 작품을 골라서 느낌을 나눈 후에 작가의 글을 함께 읽었다. 오늘의 작품으로 카스파르 프리드리히의 「안개 낀 바다 위의 방랑자」를 감상하며 이야기를 나누었다. 그러고 나서 작가의 말을 낭독했다.

말문 열기
– 떠오른 단어·느낌을 통한 나만의 제목 짓기

초4아들 : 정상, 사람, 남자, 산, 지팡이, 넓음, 쓸쓸함 → 마침내 다다른 정상(남자가 힘들게 올라와서 그 힘듦을 이겨냈으니까)

중3아들 : 경치, 멍함, 안개, 외로움, 고독함 → 바라보기(남자가 먼 곳을 바라보고 있어서)

아빠 : 일출, 등산, 정복 → 언제 내려가나?(너무 높이 올라와서 내려가는 일을 걱정하는 중?), 너무 일찍 왔나?(정상에 올라왔으나 날이 밝지 않아서 허무함)

엄마 : 외로움, 의연함, 단단함, 멋짐 → 의연한 남자(혼자라서 살짝 고독해 보이기도 하지만 뒷모습이 단단하고, 의연해 보여서)

아빠의 제목 때문에 온 식구가 배꼽이 빠질 뻔했다. 아빠는 매번 우리 가족 하브루타에서 유머 담당이다. 덕분에 화기애애하게 출발했다.

질문하기

화가가 남자의 뒷모습을 그린 이유는 무엇일까?

사람의 뒷모습은 주로 어떤 느낌을 주는가?

이 그림의 크기는 얼마만 할까? 어느 정도면 더 느낌이 와 닿을까?

이 남자는 오늘 무슨 일이 있었을까?

이 남자는 무엇을 하기 위해 산에 올라왔을까?

지금 저 남자의 표정은 어떨까?

남자가 아니라 여자가 서 있었다면 어떤 느낌일까?

산에 어울리지 않는 정장 옷차림을 한 이유는 뭘까?

올라온 산은 해발 몇 미터일까? 이곳은 어디일까?

남자는 많이 힘들었을까?

내가 저런 경치를 혼자 보고 있다면 어떤 생각이 들까?

생각 나누기
– 모둠 토론

우리는 가장 먼저 그림의 크기를 상상해 봤다. 큰아들은 오래전에 미술관에서 본 나폴레옹 초상화처럼 3미터 안팎의 큰 그림이면 더 웅장한 느낌에 실감이 날 것 같다고 했고, 작은아들은 한눈에 쏙 들어오는 아담한 크기, 아빠는 그림 크기가 무슨 상관이냐고 했다. 엄마는 큰아들의 추론처럼 너무 큰 것보다는 1미터 안팎의 작은 크기면 좋겠다고 했다. 실제 크기를 찾아봤더니 98.5×75cm였다.

다음으로 우리가 집중한 것은 '이 남자가 산에 오른 이유와 무슨 생각을 하고 있을까?'였다. 처음에는 산에 오른 거라고 생각했지만 나중에는 등산을 한 것이 아닐 수도 있다는 이야기도 나눴다. 작가의 경험이 실린 걸까도 고민해 봤지만, 한참 이야기를 나눈 후에 찾아보니 그가 예전에 본 풍경을 담았다고 했다. 등산이든 아니든 '지금 이 남자는 무슨 생각을 하고 있을까?'에 대해 아빠가 경치를 바라보며 "경치 좋네." 하고 있을 것 같다고 했고, 이어서 큰아들이 말했다. "공자가 안개 사이로 해가 뜨는 걸 보면서 한평생 공부에 바치겠다고 결심했대요. 이 사람도 지금 무언가 큰 결심을 하고 있는지도 몰라요."

그런데 '왜 화가는 남자의 뒷모습을 그린 걸까?' 아이들은 얼굴을 못 그려서 뒷모습만 그린 건지도 모른다며 자신도 그리기 힘든 모습 대신에 그리기 쉬운 모습을 그린다고 답했다. 만약에 앞모습이었다면 그림 느낌은 어땠을까? 전혀 다른 느낌이었을 것 같다며 모두들 이 그림은 뒷모습이 훨씬 더 잘 어울린다고 입을 모았다.

그밖에 우리는 여러 질문에 자기 자신을 대입하고 그 느낌에 대해서도 이야기를 나누었다.

생각 정리하기
– 저자의 생각과 연결하여 누구에게 이 그림을 권해 줄까?

초4아들 : 공부를 엄청 열심히 해서 100점 맞은 사람에게 보여 주면 좋겠다. 이 사람도 엄청 힘들게 산을 올라와서 뿌듯해하고 있으니까 열심히 공부한 사람도 뿌듯하라고…. 열심히 일하는 엄마에게도 권해 주고 싶다.

중3아들 : 이 그림이 완전히 어둡지도 않고, 완전히 밝지도 않아서 나는 약간은 감정이 어두운 사람, 머리가 아픈 사람, 자신의 감정에 갇혀 있는 사람에게 권해 주고 싶다. 그러면 정상에 서 있는, 탁 트인 느낌에 위로와 도움을 받을 것 같다.

엄마 : 무엇인가를 고민하는 사람에게 권해 주고 싶다. 이렇게 대자연 앞에서도 결연한 의지를 다지는 이 남자처럼 곧 고민의 실마리가 풀릴 거라는 위로가 될 것 같다.

아빠 : 현재의 생활에서 벗어나고 싶어 하는 사람에게 권해 주고 싶다. 현실을 직시하여 문제를 해결하는 결정을 내리는 데 도움이 될 것 같다.

소감 나누기

각자의 생각을 공유한 후, 저자의 글을 가족들에게 낭독해 주었다. 저자는 이 그림을 '객관적으로 보게 되는 나의 문제들'이라는 제목으로 풀어냈다. 내 문제를 객관적으로 쳐다봄으로써 차분한 사색을 가능하게 하여 변화의 계기를 마련하는 미술치료의 맥락이었다.

신기하게도 우리 가족도 그 비슷한 느낌을 나눴다. 오래전에 둘째랑 읽은 앤서니 브라운의 그림책 『겁쟁이 윌리』의 방 안에 걸려 있던 그림이 바로 이 그림이었다. 그래서일까? 둘째도 이 그림을 방에 걸어 두고 싶단다. 하지만 나는 가끔 꺼내 보고 싶은 그림이다.

독일의 대표적인 풍경화가 카스파르 프리드리히는 자연을 주로 그리면서 사람의 뒷모습을 함께 담았다. 이 화가의 작품 덕분에 나는 자꾸만 뒷모습에 눈이 간다. 다음 번에는 우리 가족들의 뒷모습에 대해 이야기를 나눠 보고 싶다.

명화 감상 하브루타 독서 토론을 위한 추천 도서

『그림의 힘 2 : 합격을 부르는 최적의 효과』(김선현 지음, 8.0, 2015)
『화해 : 상처받은 '나'를 만나는 시간』(김선현 지음, 엔트리, 2016)
『마음색칠 : 명화에 숨은 감정 읽기』(지경화 글, 김유진 그림, 상상의집, 2015)

08

역사동화
하브루타 독서 토론

제목	『전래동화보다 재미있는 한국사 100대 일화』 중 '떡을 깨물어 왕이 된 유리'			소요 시간		60분	
지은이	표시정	출판사	삼성출판사	쪽수	208쪽	대상	초3 이상
책 소개 및 길라잡이	정사와 야사를 통틀어 위인의 일화를 통해 역사를 만날 수 있는 책이다. 한국사 속 다양한 인물의 일화를 재미있는 옛이야기로 소개해 아이들이 쉽게 역사를 접할 수 있다. 시대별로 대표적인 100명의 인물을 만나 볼 수 있으며 짧은 텍스트로 구성되어 하브루타 소재로 사용하기 편리하다. 관심 있는 시대를 선택하여 인물에 대한 이야기는 물론 시대 배경까지 함께 알아보고 이야기를 나눌 수 있어서 한국사 공부를 시작하는 아이들에게 좋은 교재가 될 수 있다.						

◆ 토론 가족 - 최원연 님 가족(아빠, 엄마, 딸-중3, 아들-초4)

서로 성격이 많이 다르고 각자 개성이 강한 가족이다. 깔끔하고 꼼꼼한 아빠와 매사 걱정 없이 말하기를 좋아하는 막내아들, 친구를 너무 좋아하는 감성적인 딸. 이렇게 서로 다른 성격으로 늘 시끌벅적 지내지만 서로의 생각을 묻고 이야기하는 하브루타 독서 토론을 통해 하루하루 성장하고 있다.

'떡을 깨물어 왕이 된 유리' 줄거리

신라 2대 왕인 남해왕은 아들 유리와 사위 탈해를 두고 누구에게 왕위를 물려줄지 고민이 되어 죽기 전에 다음과 같은 유언장을 남겼다. "탈해와 유리는 성품이 온화해서 둘 다 내 뒤를 잇기에 적당하다. 그러니 둘 중에 더 현명한 사람을 왕으로 세우도록 하라." 신하들은 유리 편과 탈해 편으로 나뉘었고, 신하들이 편을 나누어 다투는 것을 원하지 않은 유리와 탈해는 서로 왕위를 양보하려고 했다. 탈해는 "성스럽고 지혜 있는 사람이 이가 많다고 하니 떡을 깨물어서 이가 많은 사람을 왕으로 받듭시다."라고 제안했다. 신하들은 탈해의 제안을 받아들여 떡을 깨물어 잇자국이 더 많은 유리가 신라의 새로운 왕이 되었다.

말문 열기
-느낌 나누기

초4아들: 진짜 있었던 일일까? 만들어 낸 이야기 같다.

중3딸 : 나였다면 왕위를 양보할 수 없을 것 같은데 대단하다.

아빠 : 어떻게 왕위를 이가 많은 걸로 정할 수 있지? 실제 그 당시에 왕의 능력을 확인하는 다른 방법은 없었나 하는 생각이 들었다. 어떤 이유에서 생긴 전통인지 궁금하다.

엄마 : 후계 문제를 해결하지 않고 왕이 죽으면 심각한 문제가 생길 수도 있는데 왜 남해왕은 미리 왕위 계승을 정하지 않았나 하는 궁금증이 생겼다. 비교적 왕위 계승이 자유로웠나?

생각 열기
-신라시대에 대해 알고 있는 것 공유하기

초4아들 : 알에서 나온 왕, 삼국시대.

중3딸 : 화랑도와 선덕여왕 그리고 삼국을 통일한 나라.

아빠 : 경주 전체가 신라시대의 박물관. 골품제가 있어서 신분 차별이 심했던 나라.

엄마 : 삼국 중 가장 늦게 발달하였지만 삼국을 통일한 나라. 진흥왕, 선덕여왕, 무열왕, 신문왕 등 훌륭한 왕이 많았던 나라. 하지만 진골들의

왕위 다툼으로 천년의 역사가 막을 내린 안타까운 나라.

질문하기

유리와 탈해의 잇자국은 몇 개였을까?

이가 많은 사람이 왜 성스럽고 지혜롭다고 믿었을까?

그래서 유리는 좋은 왕이 되었을까?

왕을 양보한 탈해의 마음은 어땠을까?

신하들도 유리가 왕이 되어 좋았을까?

탈해는 왕이 되고 싶지 않았을까?

탈해를 따르던 세력은 어찌 되었을까?

양보가 항상 좋은 방법으로 작용할 수 있을까?

다른 의도를 가지고 내키지 않는 양보를 하는 것도 미덕이라 할 수 있을까?

양보를 하고 기분이 좋았던 경험, 마음이 불편했던 경험은?

유리와 탈해가 서로 왕의 자리를 놓고 싸웠다면 신라의 역사는 어떻게 되었을까?

신라 유리왕이 있던 시기에 삼국의 고구려, 백제는 어떤 왕이 있었나?

왕이 되는 데 가장 중요한 능력은 뭘까?

내가 유리였다면 탈해에게 왕의 자리를 양보했을까?

나는 정말 중요한 걸 양보한 경험이 있나?

생각 나누기/생각 정리

우리 가족의 공통 질문인 '양보를 받고 왕이 된 유리는 정치를 잘했을까?'로 이야기를 시작했다. 역사적인 사실을 우선 배제하고 유리왕이 어떤 왕이었을지 상상하며 이야기를 나누었고 비슷한 의견으로 정치를 잘했을 거라는 결론을 내렸다. 그 이유는 유리와 탈해가 서로를 위하는 마음으로 왕위를 양보했으니 왕이 되지 못한 탈해도 유리왕을 도와 정치를 했을 거라고 생각했기 때문이다.

딸의 의견 중에 두 사람은 사이가 좋아 유리왕이 물러날 때 탈해에게 왕위를 물러 주었을지도 모른다는 이야기가 있었다. 그래서 역사적인 사실을 찾아보았는데 실제로 유리 다음 왕이 탈해였다. 탈해가 왕이 되는 일화 또한 재미있는 이야기였다. 유리와 탈해가 나란히 왕위에 오른 사실을 확인하며 두 사람이 서로를 깊이 생각하고 아끼는 마음에서 왕위를 양보했다는 걸 짐작할 수 있었다.

보통의 역사 속에는 왕위를 두고 형제끼리 또는 부모 자식 간에 서로 죽이는 일이 많이 있는데 유리와 탈해는 다른 모습을 보여 주었다. 왕위를 서로에게 양보하는 훈훈한 모습 때문에 이렇게 오랜 시간 기록되어 전해져 오는 것이 아닌가라는 이야기도 나누었다.

양보라는 미덕에 대한 이야기를 많이 나누었는데, 아빠의 '양보가 항상 좋은 방법으로 작용할 수 있을까?', 딸의 '나는 정말 중요한 걸 양보한 경험이 있나?', 엄마의 '양보를 하고 기분이 좋았던 경험, 마음이 불편했던 경험은?'이라는 세 개의 질문으로 양보에 대한 각자의 경험과 생각들에 대해 이야기했다.

　아들은 양보를 많이 하는 게 불편하다고 했다. 친구들 중에 자기보다 성격이 강한 친구들과 놀 때는 싫지만 양보를 해야 해서 기분이 좋지 않았다고 했다. 싫다고 말하면 같이 어울리기가 힘들기 때문에 모든 부분에서 양보를 많이 한다고 했다. 그래서 양보에 대한 좋지 않은 감정이 많다고 했다. 아들의 이런 이야기에 같은 맥락으로 항상 양보하는 게 옳은 것인지, 이럴 땐 어떻게 해야 할지를 의논하며 마음이 불편한, 정말 마음에서 일어나는 양보가 아니라면 자신의 생각을 말하는 것이 필요하다는 것으로 의견이 모였다. 한쪽에서 불편함을 느낀다면 양보를 한다고 해도 좋은 의도로 느껴지지 않을 수 있고, 누군가가 양보를 강요해서 행동하는 것도 진정한 양보가 아니기 때문이다.

　평소에 '누나니까….', '동생이니까….'라는 말로 아이들에게 양보를 강요했던 것을 반성하게 되었다. 고대 국가의 일화이지만 현재 우리들의 생활과도 관계있는 소소한 이야기들까지 나눌 수 있어서 좋았고 역사적인 사실과 함께 역사 속 인물의 마음까지 느낄 수 있었다.

09

고전
하브루타 독서 토론

제목	『명심보감』 중 1편 '착하게 살아라'			소요 시간		60분	
지은이	추적	출판사	홍익출판사	쪽수	343쪽	대상	초3 이상
책 소개 및 길라잡이	명심보감이란 '마음을 밝혀 주는 보배로운 거울'이라는 뜻이다. 공자·맹자·장자·열자 등의 사상가, 제왕, 문인 등이 한 말과 전적 속에서 교훈이 될 만한 것을 편집한 책이다. 고려 충렬왕 때 추적이 엮은 초략본 19편에 5편의 글을 증보하여 증보편을 엮었다. 400여 년 이상 '사람이 살아가면서 기본적으로 지켜야 할 덕목'들을 가르쳐 준 교재였다. 생각할 거리가 많은 텍스트를 읽고 자신의 삶과 연결시키는 질문을 통해 함께 토론하기 좋은 주제이다. 총 25편을 한 편씩 나누어 읽고 진행하되 11편처럼 55장으로 구성된 것은 2~3번으로 나누어 진행해도 좋다.						

◆ 토론 가족 – 우리 가족(아빠, 엄마, 아들-중3, 아들-초4)

말문 열기
-느낌 나누기, 나만의 제목 짓기

초4아들 : 착하게 살면 복을 준다고 하니 더 착하게 살아야겠다는 생각이 들었다.

중3아들 : 학교에서 반성할 일이 있을 때, 명심보감을 쓰게 하는 이유를 알게 되었다. 그런데 학교에서는 별로 효과가 있는 것 같지 않다.

아빠 : 너무 지시적이어서 반발이 생긴다. 강요하는 느낌이 든다.

엄마 : 이만큼 살아 보니 이 말이 다 맞는 말이다. 옛날 부모님이 하시던 말씀이 다 맞는 말인 것처럼….

나만의 제목 짓기

초4아들 : '사람이라면 착하게 살자.' 왜냐하면 착한 삶을 살라는 이야기인 것 같아서이다.

중3아들 : '선한 사람.' 왜냐하면 착한 사람이 되라고 말하고 있기 때문이다.

아빠 : '착하게 사는 습관 들이기.' 왜냐하면 한 번이 아니라 지속적으로 착하게 사는 삶의 자세를 가져야 한다는 것을 강조하기 때문이다.

엄마 : '착한 일은 복을 짓는다.' 왜냐하면 기대하든, 기대하지 않든 착

한 일은 '복'을 낳는 것이 맞다는 생각이 들었기 때문이다.

생각 열기
- 문장 나누기

초4아들, 중3아들, 아빠 : "어느 하루 착한 일을 했다고 복이 곧 오지는 않겠지만, 화는 저절로 멀어진다. 어느 하루 나쁜 일을 했다고 화가 곧 오지는 않겠지만 복은 저절로 멀어진다. 착한 일을 하는 사람은 봄동산의 풀처럼 자라는 것이 보이지는 않지만 매일 자라는 것과 같다. 나쁜 일을 하는 사람은 칼을 가는 숫돌처럼 닳아 없어지는 것이 보이지는 않지만 매일 줄어드는 것과 같다."

중3아들의 이유 : 내 주변에 '착한 일을 한다고 뭐가 달라지겠어?'라고 생각하는 사람이 많아서 그들에게 들려주고 싶은 구절이다.

아빠의 이유 : 착한 일을 지속적으로 하라는 의미가 담겨 있다. 무엇이든 지속하고, 습관을 들이는 것이 중요한 삶의 자세와도 연결되는 구절이다.

엄마 : "착한 일은 아무리 작더라도 반드시 하고, 나쁜 일은 아무리 작더라도 결코 하면 안 된다." 이 구절과 반대로 사는 사람이 더 많은 것 같다. 작은 착한 일은 별것 아니라고 생각해서 안 하고, 작은 나쁜 일은 티가 안 날 거라고 생각해서 행하는 것 같다. 정말 중요한 경계 사항을 말했다. 마음에 새겨야겠다.

질문하기

착한 일의 기준이 뭘까?

착하게 살아야 하는 이유는 무엇일까?

꼭 착하지만은 않아야 할 때가 있을까?

착한 일을 평생 해도 착함이 한없이 모자라다면 왜 할까?

착한 일을 하면 반드시 복을 받는 걸까?

나쁜 일을 한 사람에게 진짜 재앙이 내릴까?

복이나 재앙은 누가 주는 걸까?

착한 일을 보답받기 위해 하면 진짜 착한 일일까?

착한 일을 해도 복을 받지 않는다면 착한 일을 하지 않게 될까?

착한 일을 한 후로 몇 시간이면 복이 올까?

한나라 소열황제처럼 죽을 때 아이들에게 어떤 말을 남기고 싶은가?

나는 유산으로 물려줄 복을 짓고 있는가?

착한 일을 했을 때와 나쁜 일을 했을 때의 경험이 있다면?

나는 착한 사람인가?

내 주변에 착한 사람을 한 명 소개한다면?

내가 나쁘게 대하지 않는데도 계속 나에게 나쁘게 대하는 사람에게는 어떻게 해야 할까?

생각 나누기

우리 가족이 가장 집중적으로 토론했던 것은 '착하게 산다는 것은 무엇일까?'였다. 저마다 '다른 사람에게 나쁘게 하지 않는 것, 나를 해하지 않고 다른 사람을 해하지 않는 것, 친구들에게 착하게 대하는 것은 그 친구가 뭘 좋아하는지 잘 알고 그걸 해 주는 것, 누군가를 도와주는 것' 등으로 답했다. 이 과정을 통해 받는 사람 기준이냐, 하는 사람 기준이냐에 대해 추가적으로 이야기를 나누었다.

'착한 일을 해도 복을 받지 않는다면 착한 일을 할까? 복을 받기 위해 착한 일을 해야 할까?'에 대해서도 토론했다. '곤경에 빠진 사람을 보면 대부분의 사람은 착한 마음으로 도와준다. 그러나 그렇게 하지 않는 사람들도 분명히 있다. 복을 받기 위해서 착한 일을 하기보다는 그런 대가를 바라지 않은 채 선한 일을 하는 사람이 더 많다. 대가와 상관없이 착한 일을 할 사람은 하고, 하지 않을 사람은 안 한다. 그러므로 결과에 신경 쓰지 말고 내 마음이 이끄는 대로 착한 일을 행하는 것이 중요하다.' 등의 의견을 나누었다.

이밖에도 나는 가족들에게 착하게 살아온 나의 엄마 덕분에, 즉 외할머니가 쌓아 놓은 '복'을 지금 내가 받고 있다는 생각을 종종 한다는 것을 전해 주었다. 긴 인생을 살아온 것도 아니고 특별히 의인도 아닌 내가 지금 생에서 받고 있는 감사와 복은 나로부터 온 것이 아니라 '부모'로부터 온 것이라고 생각한다고 했다. 그래서 『명심보감』에 나오는 사마온공의 말처럼 자손에게 '돈 혹은 책'을 남겨 줄 것이 아니라 '남몰래 착한 일을 많이 쌓는 것'이 더 낫다는 말에 공감한다는 것을 내 경험으로 빗대어 말해 주었다. 더불어 나 역시 자식들을 위해 선하게 살기 위해 노력하고 있다는 것도 함께 말했다. 그렇게 말하고 나니 더 나의 행동과 말과 마음가짐을 성찰해야겠다는 생각이 깊게 들었다.

이밖에도 우리 가족은 착한 일을 했던 경험과 착하지 않았던 경험, '착하면 바보 되는' 요즘 현상에 대한 이야기, 소열황제처럼 죽기 전에 아이들에게 남기고 싶은 말, 부모에게 듣고 싶은 말 등에 대해 다양한 생각을 나누었다.

생각 정리
- 실천과 다짐

초4아들 : 착하게 살자. 나는 지금도 착하게 살고 있지만 더 착하게 살아야겠다.

중3아들 : 착한 일을 하면 복이 따라 오고, 나쁜 일을 하면 재앙이 따라온다. 그래서 우리는 착한 일을 하며 살아야 하고, 내 마음이 그 방향으로 가도록 애써야 한다.

아빠 : 복을 받기 위해서가 아니라 내 마음의 평화와 즐거움을 위해 착한 일을 해야 한다.

엄마 : 언행이나 마음씨가 곱고 착하다. 이렇게 선하게 살기 위해 노력해야겠다. 선함은 수레바퀴처럼 도는 게 맞다.

10

장편동화
하브루타 독서 토론

제목	『스피릿 베어』			소요 시간		60분	
지은이	벤 마이켈슨	출판사	양철북	쪽수	324쪽	대상	중1 이상
책 소개 및 길라잡이	난폭한 문제아인 콜은 친구 피터를 무차별 폭행하여 감옥에 갈 위기에 처하게 된다. 보호관찰관인 인디언 가비가 콜과 위원회에게 인디언 사회의 전통적인 재판 방식인 '원형 평결 심사'를 받아 볼 것을 권한다. 콜은 감옥에 가는 것만은 피하기 위해 원형 평결 심사를 통해 섬에 가게 되는데, 그의 원래 계획은 섬에 도착하자마자 도망가는 것이었다. 그러나 전설처럼 전해지는 스피릿 베어가 콜 앞에 나타나고, 콜은 곰을 공격하려다 도리어 만신창이가 된다. 콜은 죽음의 문턱에 다다라서야 겨우 구조되어 치료받고 다시 섬에 가는데, 이번에는 처음과 다른 마음이						

206

다. 그곳에서 살아남기 위해 고군분투하면서 서서히 변화해 간다. 이후 콜로 인해 자살을 시도하던 피터까지 섬에 합류하여 새로운 생활이 시작된다.

10대의 성장 소설인 동시에 응보적 처벌과 회복적 교육에 대해서 함께 생각해 볼 수 있는 책이다.

■ 토론 가족 : 우리 가족(아빠, 엄마, 아들-중3, 아들-초4)

초4인 작은아이가 읽기에는 어려운 책이라 『스피릿 베어』 독서 토론은 작은아이를 제외하고 셋이서 진행했다. 대신 작은아이는 이야기와 관련된 '바벰바 부족' 사례와 '캐나다 엘마이라 사건' 뉴스를 읽고 참가하여 주로 듣는 시간을 가졌고, 간간이 자신의 생각을 이야기했다. 독서 토론의 내용 정리는 셋이서 나눈 이야기를 중심으로 정리했다.

말문 열기
– 느낌 나누기

중3아들 : 스피릿 베어라는 곰에 대한 판타지 이야기일 줄 알았다. 그런데 첫 줄을 읽어 보니 판타지는 아니라는 것을 금방 깨달았다. 끝까지 읽어 보니 심오한 성장 소설이었다.

아빠 : 곰과 교감을 나누는 이야기일 것 같았는데, 한 소년의 성장 이야기였다.

엄마 : 곰으로부터 도움을 받거나 우정을 쌓는 이야기일 거라 예상했는데, 정반대로 곰에게 공격당하고 상처받는 이야기였고, 실질적으로는 회복적 교육에 관련된 감동적인 이야기였다.

생각 열기
— 문장 나누기

중3아들 : 108쪽. 콜이 스피릿 베어에 공격받고 쓰러져 꼼짝도 못하고 누워 있으면서, 번개 맞고 쓰러진 나무를 발견하고는 그 나무에 살고 있던 새끼 참새들을 걱정하며 하는 말. "너희들 괜찮니?" 콜 입에서 나온 최초의 착한 말이고, 콜이 자신이 아닌 다른 사람에게 처음으로 관심을 가졌음이 드러나는 대사이다. 이때가 콜이 변하는 계기가 되었기 때문이다.

아빠 : 186쪽. 콜과 가비가 소시지를 먹으면서 나눈 이야기의 한 부분이다. 콜에게 가비가 "소시지로 나눔을 실천하고 축배를 든 거란다. 내가 애초에 그런 마음을 먹고 마련한 것이기 때문이지. 네 소시지는 그냥 빈 속을 채우기 위한 음식에 불과했어. 네가 오로지 그것만 바랐기 때문이란다. 인생도 마찬가지란다. 딱 바라는 만큼만 되는 거란다. 어디 이 섬에서 보내는 시간이 영원히 기억에 남을 축복의 시간이 되도록 해 보렴." 가비의 이 말 중에 '인생도 딱 바라는 만큼만 되는 거'라는 말이 현실에서도 맞는 말이기 때문에 공감이 되어서 골랐다.

엄마 : 196쪽. "지금 당장은 네가 오로지 삭정이 왼쪽 끄트머리, 아니

면 구름 낀 하늘만 바라본다는 거야. 네가 살아오면서 겪었던 경험이, 그런 생각들을 몸에 배게 한 거지. 분노와 마찬가지로 행복도 습관 같은 거란다. 종일토록 행복에 겨워 지내는 법을 익혀 보아라. 습관은 고치기 어렵지만 이 못이 도움이 될 게야." 행복이 습관 같다는 말에 전적으로 동의한다. 내 몸에 밴 것대로 우리는 생각하고, 말하고, 행동하기 마련이다. 눈부신 태양에 초점을 맞출 수도, 시커먼 먹구름에 초점을 맞출 수도 있는 것. 그 선택은 바로 내가 할 수 있는 것이라는 점. 에드윈의 이 말에서 삶의 지혜를 찾을 수 있었다. 난 늘 행복을, 눈부신 태양을 쳐다볼 습관을 기르기 위해 노력하고 싶다.

질문하기

콜이 변하게 된 결정적인 계기는 무엇일까?

콜의 아버지는 왜 아들을 싫어할까?

콜은 피터를 패면서 죄책감은 아예 들지 않았을까?

가비와 에드윈은 왜 처음부터 끝까지 콜을 차갑게 대했을까?

내가 콜이라면 나 자신을 용서하였을까?

콜이 스피릿 베어 때문에 죽을 뻔한 고비가 없었다면 과연 변할 수 있었을까?

인간은 자신이 겪은 경험에서만 깨달음을 얻는 걸까?

직접 경험하지 않고 깨달음을 얻는 방법은 없을까?

스피릿 베어는 왜 나를 지워야만 나타나는 걸까?

인간이 잘못을 저질러도 반성만 하면 죄가 없어질까?

진심으로 반성하는 죄인에게는 어떤 벌을 주어야 하나?

진정한 용서는 다른 사람이 자신에게 하는 걸까? 내가 나 자신에게 할 수 있어야 하는 걸까?

성장하고 있는 청소년들의 잘못에 대해 어른으로서 우리가 해야 하는 일은 무엇일까?

사람을 변하게 하는 최선의 방법은 무엇일까?

'이에는 이, 눈에는 눈'이라는 말은 처음 어떻게 시작된 걸까?

콜과 피터는 이후 어떤 관계가 되었을까?

우리 학교에 '학교폭력법' 대신 '회복적 교육'이 자리 잡는다면 어떻게 될까?

생각 나누기
— 토론

스피릿 베어 때문에 죽을 뻔한 고비가 없었다면 과연 변할 수 있었을까?

아빠 : 없었다. 죽을 뻔하지 않았다면 자기 인생을 진지하게 돌아보지 않았을 거다. 콜은 자신의 잘못을 모두 남의 탓으로 돌리고 분노하는 아이이다. 곰의 공격으로 인해 처절한 상태에 빠져들었던 경험이 있었기 때문에 섬에서의 1년에 대한 성과가 나온 것이다. 만약 곰에게 가볍게 다

쳤거나 다친 후에 바로 구조되었다면 곰을 총으로 쏴 버리고 싶다고 하는 등 여전히 곰에게 분노의 화살을 돌리며 달라지지 않았을 것이다. 그래서 나의 질문인 '자신이 겪은 경험에 한해서만 깨달음을 얻는 걸까?'와 연결되기도 한다. 자기가 깊은 체험을 했기에 깨달은 것이다. 콜은 스피릿 베어로 인한 죽을 고비가 인생의 터닝포인트가 되었다.

중3아들 : 아빠의 의견에 동의한다. 사람은 죽기 전에 주마등처럼 자신의 삶이 흘러간다고 한다. 그만큼 자신의 삶과 주변을 돌아보는 시간을 맞이한다. 콜은 스피릿 베어 덕분에 자신의 삶을 돌아볼 수 있었다.

엄마 : 죽을 뻔한 고비가 콜에서 아주 강력한 영향을 준 것은 맞다. 하지만 나는 이 일이 없었더라도 결국엔 콜이 변했으리라 여겨진다. 왜냐하면 홀로 자연 속에 남겨져서 살아가야만 하는 현실 속에서 콜은 스스로를 직면하고, 자신의 삶과 그동안 해 왔던 행동을 되돌아볼 시간이 충분히 있었기 때문이다. 만약 감옥에 갇혀 있다면 또 다르겠지만, 자연 속에 있기 때문에, 자연 속에서 생존을 위해 스스로 노력을 해야 하기 때문에 스피릿 베어의 공격 이외에도 자신의 삶을 성찰하고 깨닫는 힘을 얻었으리라 믿는다. 자연이 가진 힘과 하루의 모든 시간을 온전히 자신에게만 쏟는 시간이 있기 때문이다.

인간은 자신이 겪은 경험에서만 깨달음을 얻는 걸까?

중3아들 : 직접적·간접적 경험이 영향을 미친다. 모든 것을 직접 경험해야만 하는 것은 아니다. 간접적으로도 충분히 깨달음을 얻을 수 있다. 책을 통해서 혹은 이렇게 토론을 통해서도 깨달음을 얻을 수 있다. 다만 직접적인 체험이 더 강력한 것은 맞다.

아빠 : 자신이 겪은 경험에서만 깨닫는 거다. 간접경험은 크게 의미가 없다. 사람은 누구나 자신이 겪은 것으로만 세상을 이해하기 때문에 저마다 개성이 다르고 삶의 방식이 다른 것이다. 그래서 많은 경험을 해 보는 것이 중요하다.

엄마 : 경험은 물론 중요하다. 하지만 어떻게 우리가 살아가면서 모든 것을 경험할 수 있겠는가. 지금 이런 이야기를 나누는 동안 우리는 콜과 피터, 가비와 에드윈의 경험을 간접적으로 함께 겪는 것이다. 이 경험이 훗날 우리의 행동에 영향을 미치는 것은 당연하다. 이것 역시 귀한 깨달음이라고 생각한다. 그래서 나는 우리 가족의 하브루타 독서 토론 시간이 삶에서의 귀한 경험이라고 생각한다.

성장하는 청소년들의 잘못에 대해 어른으로서 해야 하는 일은 무엇일까?

아빠 : 인성 교육이 필요하다. 잘못을 저지르기 전에 어른으로서 우리가 알려 주어야 할 것, 습관을 길러 주어야 할 것에 대해 제대로 된 인성 교육을 가정에서 실천하는 것이 더 중요하다. 그런 다음에도 잘못을 저지르면 법적인 테두리 안에서 벌을 받는 것이 필요하다. 콜이 스피릿 베어에 의해 다쳐서 꼼짝도 못하고 누워 있으면서 자신을 되돌아본 것처럼 감옥에 들어가 있는 시간이 자신의 행동을 돌아보는 시간이 될 수 있다. 그러니 처벌을 받는 것도 일부분 필요하다. 또한 이런 법적 방법은 다른 사람들에게 예방적 효과도 있다.

중3아들 : 아빠의 의견을 들으니 다른 사람에게 예방적 효과가 있는 법적인 효력에 대해 생각나는 이야기가 있다.『삼국지』에서 형주성을 점령한 여몽이 불안에 떨고 있는 백성들을 안정시키기 위해서 백성을 수탈하는 자들을 처단하겠다고 발표했다. 그런데 한 군졸이 군모가 젖지 않기 위해서 평민의 모자를 뺐었다. 여몽은 군졸의 마음은 이해되지만 군령을 어긴 자를 묵인할 수 없다며 목을 베어 성문에 내걸었다. 이 행동과 처벌은 백성에게는 믿음을 주었고, 군졸들에게는 자신의 행동을 되돌아보게 하는 효과가 있었다. 이처럼 법적인 처벌이 긍정의 효과도 있다. 하지만 청소년기에는 무조건적인 처벌보다는 회복과 용서가 필요하다. 그래야 반항하기보다는 자신의 행동을 돌아보고, 바로 잡아 더 좋은 어른으로 성장해 가는 데 도움이 되기 때문이다.

　엄마 : 실수, 잘못, 죄가 각각 어떻게 다른지에 대한 질문이 떠오른다. 실수라면 바로 잡을 기회와 스스로가 용서하고 성장할 기회를 주어야 함이 마땅하다고 생각한다. 하지만 요즘에는 청소년들의 범죄가 차마 말로 옮기기 어려울 정도로 심각한 것들이 많아서 무조건적인 용서와 회복을 말할 용기가 없다. 가능한 한 가해자와 피해자인 청소년들이 모두 회복하고, 몸과 마음이 건강하게 성장할 수 있도록 회복적 생활 교육이 널리 퍼졌으면 좋겠다. 특히 학교 안에서 이루어지는 일들에 대해서는 더욱 사려 깊게 양쪽 아이 모두에게 회복과 성장의 과정이 되었으면 좋겠다.

　이 책을 읽고, 위의 질문에 대해 이야기를 나누면서 우리는 1974년 캐나다의 엘마이라에서 술을 먹고 난동을 부린 10대로 인해 22가정이 피해를 입은 실제 사례의 뉴스 기사를 함께 읽었다. 이 뉴스는 22가정의 자동차, 창문, 울타리 등을 훼손한 2명의 소년이 일일이 피해자들을 방문해 합의를 보는 것으로 판결을 내린 사건이다.

가해자인 소년 2명은 교정위원 2명과 함께 일일이 피해자들을 방문하는 과정에서 그들의 피해와 고통의 상황을 보게 되었다. 아들 유품이 파괴되어 상심한 노부부, 차가 파손되어 중요한 미팅을 가지 못하게 된 사람 등을 만나며 소년들은 자신이 한 행동이 단순히 물건만 파손한 것이 아니라 사람들을 곤란하게 만들었다는 것, 마음에 상처를 입혔다는 것을 깨달았다.

이를 통해 소년들은 진심으로 자신들의 잘못을 뉘우치고 사과했으며, 피해자들이 원하는 배상을 직접 행했다. 어떤 집은 사과만 받았고, 어떤 집은 직접 아르바이트를 하여 돈을 벌어 물건값을 배상하도록 했고, 어떤 집은 담장을 직접 고치는 작업에 참여하라고도 했다. 현재, 이 사건의 주인공은 여전히 마을 구성원의 일원으로 건강하게 살아가고 있다.

이 사건은 '회복적 생활 교육'에서 항상 다루는 사례이다. 회복적 생활 교육은 잘못에 벌을 주는 응보적 처벌이 아닌 피해 회복과 자발적 책임, 관계 회복, 공동체 회복, 정의 회복으로 '안전하고 평화로운 공동체'를 만들어 가는 교육이다. '사람'이 중심에 있는 방법이다.

우리는 '회복적 생활 교육'과 아프리카의 바벰바 부족의 이야기를 나누며, 회복과 성장에 대해 여러 이야기를 나누었다.

생각 정리
– 미덕과 메시지

중3아들 : 다른 사람을 용서하기 전에 나 자신을 먼저 용서해야 한다. 또한 사람을 진정으로 변하게 하는 것은 비난이나 처벌이 아닌 진정한 이해, 사랑과 삶의 의미를 깨닫게 하는 것이다. 미덕 단어는 '용서'이다. 누군가 자신에게 잘못을 저질렀을 때, 그에게 다시 기회를 주는 것이 용서인데, 나 자신은 물론 다른 사람에게도 '용서'가 필요하기 때문이다.

아빠 : 인간은 쉽게 변할 수 없다. 그런데 극한 경험을 통해서는 변할 수도 있다. 그렇다면 모든 인간을 포기하지 말자는 메시지를 찾을 수 있겠다. 미덕 단어는 '사려'를 골랐다. 콜을 도와주는 가비와 에드윈에게서 다른 사람의 마음이나 그들이 처한 상황에 대해 신중하게 생각하는 사려를 느꼈기 때문이다. 그로 인해 결국 콜이 새로운 삶을 살게 되었으니까.

엄마 : 내가 뽑은 미덕 단어는 '존중'과 '사려'이다. 자신을 포함해 모든 사람을 귀하게 여기는 마음이 누구에게나 있다면 우리 사회에서 많은 범죄가 없어질 것 같다. 나와 내 아이들이 '존중'의 미덕을 항상 깨울 수 있도록 노력해야겠다. 또한 '항상 자신의 행동이 다른 사람에게 어떤 영향을 미칠지 염두에 두고, 사려 깊게 행동'하는 것이 사소한 실수나 잘못을 미연에 방지할 수 있기 때문에 '사려'를 골랐다. 아울러 다른 사람의 실수에 대해서도 사려 깊게 이해하는 것이 필요하기 때문이다.

하브루타
가족 독서 토론 추천 도서

★표시는 초등 고학년 이상

유아부터 어른까지 함께 읽는 그림책

★갈색 아침(프랑크 파블로프 글, 레오니트 시멜코프 그림), 휴먼어린이.

감기 걸린 물고기(박정섭 그림책), 사계절.

거짓말(카트린 그리브 글, 프레데리크 베르트랑 그림), 씨드북.

고래가 보고 싶거든(줄리 폴리아노 글, 에린 E. 스테드 그림), 문학동네.

곰아, 놀자!(조리 존 글, 벤지 데이비스 그림), 북극곰.

곰씨의 의자(노인경 글·그림), 문학동네.

공원을 헤엄치는 붉은 물고기(곤살로 모우레 글, 알리시아 바렐라 그림), 북극곰.

구합니다! 완벽한 애완동물(피아노 로버튼 글·그림), 잭과콩나무.

그래서 모든 게 달라졌어요(올리버 제퍼스 글·그림), 주니어김영사.

금붕어 2마리와 아빠를 바꾼 날(닐 게이먼 지음, 데이브 맥킨 그림), 소금창고.

기억의 끈(이브 번팅 글, 테드 랜드 그림), 사계절.

긴 여행-평화를 찾아 떠나는 사람들(프란체스카 산나 글·그림), 풀빛.

길거리 가수 새미(찰스 키핑 글·그림), 사계절.

까만 나라 노란 추장(강무홍 글, 한수임 그림), 웅진주니어.

꽃할머니(권윤덕 글·그림), 사계절.

나는 나의 주인(채인선 지음, 안은진 그림), 토토북.

★나는 기다립니다(다비드 칼리 글, 세르주 블로크 그림), 문학동네어린이.

나도 가족일까?(다비드 칼리 글, 마르코 소마 그림), 풀빛.

★나무 도장(권윤덕 글·그림), 평화를품은책.

나쁜 씨앗(조리 존 글, 피트 오즈월드 그림), 길벗어린이.

나의 를리외르 아저씨(이세 히데코 지음), 청어람미디어.

난 내 이름이 참 좋아(케빈 헹크스 글·그림), 비룡소.

난 네가 부러워(영민 글·그림), 뜨인돌어린이.

낱말 공장 나라 (아녜스 드 레스트라드 지음, 발레리아 도캄포 그림), 세용출판.

★내가 가장 슬플 때(마이클 로젠 글, 퀜틴 블레이크 그림), 비룡소.

내 동생 눈송이 아저씨(메리 바 지음, 로라 제이콥슨 그림), 봄나무.

내 말 좀 들어 주세요(윤영선 지음, 전금하 그림), 문학동네어린이.

내 탓이 아니야(레이프 크리스티안손 지음, 딕 스텐베리 그림), 고래이야기.

너에게만 알려줄게(피터 H. 레이놀즈 지음), 문학동네.

넌 누구야?(페르닐라 스탈펠트 글), 시금치.

네모 상자 속의 아이들(토리 모리슨, 슬레이드 모리슨 지음, 지젤 포터 그림), 문학동네어린이.

논다는 건 뭘까?(김용택 글, 김진화 그림), 미세기.

★높이-뛰어라-생쥐(존 스텝토 글·그림), 다산기획.

★누가 진짜 나일까?(다비드 칼리 글, 클라우디아 팔마루치 그림), 책빛.

눈물바다(서현 글·그림), 사계절.

눈을 감아 보렴(빅토리아 페레스 에스크리바 글, 클라우디아 라누치 그림), 한울림스페셜.

느끼는 대로(피터 H. 레이놀즈 지음), 문학동네어린이.

늑대가 돌아왔다(진 클라이그헤드 조지 지음, 웬델 마이너 그림), 다산기획.

늑대가 들려주는 아기돼지 삼형제 이야기(존 셰스카 글, 레인 스미스 그림), 보림.

늑대와 오리와 생쥐(맥 바넷 글, 존 클라센 그림), 시공주니어.

★니 꿈은 뭐이가?(박은정 글, 김진화 그림), 웅진주니어.

다르면 다 가둬!(앙리 뫼니에 글, 나탈리 슈 그림), 아름다운사람들.

다른 쪽에서(로랑스 퓌지에 글, 이자벨 카리에 그림), 다림.

★다정해서 다정한 다정씨(윤석남 저, 한성옥 기획), 사계절.

★당신은 어느 편이죠? : 엄마 우리한테 그 노래를 불러줘요(조지 엘라 라이온 글,

크리스토퍼 카디널 그림), 고인돌.

더 커다란 대포를(후타미 마사나오), 한림출판사.

도서관(사라 스튜어트 글, 데이비드 스몰 그림), 시공주니어.

동갑내기 엄마(임사라 글, 박현주 그림), 나무생각.

두더지의 고민(김상근 지음), 사계절.

똑똑해지는 약(마크 서머셋 글, 로완 서머셋 그림), 북극곰.

★루빈스타인은 참 예뻐요(펩 몬세라트 글·그림), 북극곰.

★리디아의 정원(사라 스튜어트 글, 데이비드 스몰 그림), 시공주니어.

마녀 위니(밸러리 토머스 지음, 코키 폴 그림), 비룡소.

마법의 가면(스테판 세르방 지음), 봄광출판사.

마음이 보여?(가야마 리카 글, 마스다 미리 그림), 너머학교.

★마지막 거인(프랑수아 플라스 글·그림), 디자인하우스.

★먹다 먹힌 호랑이(강벼리 글, 문종훈 그림), 한림출판사.

모자를 보았어(존 클라센 글·그림), 시공주니어.

무지개 욕심괴물(김규정 글·그림), 철수와영희.

모치모치 나무(사이토 류스케 글, 다키다이라 지로 그림), 랜덤하우스코리아.

문제로 무엇을 할 수 있을까?(코비 야마다 글, 매 베솜 그림), 주니어예벗.

밍로는 어떻게 산을 옮겼을까?(아놀드 로벨 글·그림), 길벗어린이.

★바다 우체부 아저씨(미셸 쿠에바스 글, 에린 E 스테드 그림), 터치아트.

100만 번 산 고양이(사노 요코 글·그림), 비룡소.

버스 여행의 끝은 어디일까요(헨릭 발네스 글, 마틸다 루타 그림), 우리나비.

비무장지대에 봄이 오면(이억배 글·그림), 사계절.

★빨강 : 크레용의 이야기(마이클 홀 지음), 봄봄출판사.

빨강 캥거루(에릭 바튀 글·그림), 북극곰.

사소한 소원만 들어주는 두꺼비(전금자 글·그림), 비룡소.

★사자와 세 마리 물소(몽세프 두이브 지음, 메 앙젤리 그림), 분홍고래.

산딸기 크림 봉봉(에밀리 젠킨스 글, 소피 블래콜 그림), 씨드북.

샌지와 빵집주인(로빈 자네스 글, 코키 폴 그림), 비룡소.

생각이 커진 집(리샤르 마르니에 글, 오드 모렐 그림), 책과콩나무.

★생각으로 무엇을 할 수 있을까?(코비 야마다 글, 매 베솜 그림), 주니어예벗.

샘과 데이브가 땅을 팠어요(맥 바넷 글, 존 클라센 그림), 시공주니어.

선생님, 바보 의사 선생님(이상희 글, 김명길 그림), 웅진주니어.

★세 개의 잔(토니 타운슬리 & 마크 세인트 저메인 글, 에이프릴 윌리 그림), 살림어린이.

세상에서 가장 맛있는 무화과(크리스 반 알스버그 지음), 미래아이.

세상에서 제일 무거운 황금 접시(버나뎃 와츠 글·그림), 도서출판봄볕.

★세상에서 제일 힘센 수탉(이호백 글, 이억배 그림), 재미마주.

세상의 모든 가족(알렉산드라 막사이너 글, 앙케 쿨 그림), 푸른숲주니어.

소피가 화나면 정말 정말 화나면(몰리뱅 지음), 책읽는곰.

★슈퍼토끼(헬메 하이네 글·그림), 시공주니어.

★스갱 아저씨의 염소(알퐁스 도데 글, 에릭 바튀 그림), 파랑새어린이.

슬픔을 치료해 주는 비밀 책(카린 케이츠 지음, 웬디 앤더슨 홀퍼린 그림), 봄봄출판사.

싸워도 우리는 친구(이자벨 카리에 지음), 다림.

아기 늑대 세 마리와 못된 돼지(유진 트리비자스 글, 헬린 옥슨버리 그림), 시공주니어.

★아나톨(이브 티투스 글, 폴 갈돈 그림), 미디어창비.

★아무도 듣지 않는 바이올린(캐시 스틴슨 글, 듀산 페트릭 그림), 책과콩나무.

아름다움은 자란다(히비노 가쓰히코 글·그림), 너머학교.

아무도 몰랐던 곰 이야기(오렌 라비 글, 볼프 예를브루흐 그림), 아이위즈.

★아빠 나무(김미영 글·그림), 고래뱃속.

★20세기 최고의 탐험가 어니스트 섀클턴(윌리엄 그릴 글·그림), 찰리북.

일곱 마리 눈먼 생쥐(에드 영 지음), 시공주니어.

잃어버린 강아지(난 그레고리 글, 론 라이트번 그림), 파랑새어린이.

잃어버린 천사를 찾아서(막스 뒤코스 지음), 국민서관.

작은집 이야기(버지니아 리 버튼 지음), 시공주니어.

저, 할 말 있어요!(저스틴 로버츠 글, 크리스천 로빈슨 그림), 주니어김영사.

제가 잡아먹어도 될까요?(조프루아 드 페나르 글·그림), 베틀북.

★적(다비드 칼리 저, 세르주 블로크 그림), 문학동네어린이.

점(피터 H. 레이놀즈 지음), 문학동네어린이.

★죽음은 돌아가는 것(다니카와 슌타로 글, 가루베 메구미 그림), 너머학교.

지각대장 존(존 버닝햄 글·그림), 비룡소.

★진실을 보는 눈 : 기록하는 사진작가 도로시아 랭(바브 로네스톡 글, 제라드 뒤부아 그림),
　　책속물고기.

착한 아이 사탕이(강밀아 글, 최덕규 그림), 글로연.

치과 의사 드소토 선생님(윌리엄 스타이그 글·그림), 비룡소.

치킨 마스크(우쓰기 미호 지음), 책읽는곰.

친절한 행동(재클린 우드슨 글, E. B. 루이스 그림), 나무상자.

★터널 밖으로(바바라 레이드 글·그림), 국민서관.

파란나무(아민 하산자데 샤리프 지음), 책빛.

프레드릭(레오 리오니 글·그림), 시공주니어.

하나라도 백 개인 사과(이노우에 마사지 글·그림), 문학동네어린이.

할머니가 태어날 때부터 할머니였던 건 아니에요(야프 로번 글, 메이럴 아이케르만 그림),
　　고래뱃속.

행복한 네모 이야기(마이클 홀 지음), 상상박스.

화가 났어요 (게일 실버 글, 크리스틴 크뢰머 그림), 불광출판사.

혼자 남은 착한 왕 (이범재 글·그림), 계수나무.

초등 저학년 자녀와 함께 읽는 동화

개구리와 두꺼비가 함께 (아놀드 로벨 글·그림), 비룡소.

고얀 놈 혼내주기 (김기정 글, 심은숙 그림), 시공주니어.

나는 3학년 2반 7번 애벌레 (김원아 지음, 이주희 그림), 창비

나쁜 어린이 표 (황선미 글, 권사우 그림), 이마주.

냄비와 국자 전쟁 (미하엘 엔데 지음), 한길사.

너무 지혜로워서 속이 뻥 뚫리는 저학년 탈무드 (김정완 글), 키움.

노란 양동이 (모리야마 미야코 글, 쓰치다 요시하루 그림), 현암사.

두 배로 카메라 (성현정 글, 이윤희 그림), 비룡소.

들키고 싶은 비밀 (황선미 지음), 창비.

레몬으로 돈 버는 법 (루이스 암스트롱 글, 빌 바소 그림), 비룡소.

마법의 설탕 두 조각 (미하엘 엔데 지음, 진드라 케팩 그림), 소년한길.

먼저 온 미래 (김정희 글, 유설화 그림), 사계절.

스티커 토끼 (가브리엘라 케셀만 글, 테레사 노보아 그림), 책속물고기.

썩은 모자와 까만 원숭이 (카린 코흐 글, 앙드레 뢰슬러 그림), 미래아이.

얘야, 아무개야, 거시기야 (천효정 글, 최미란 그림), 문학동네어린이.

엄마 사용법 (김성진 지음), 창비.

엄마의 런닝구 (한국글쓰기연구회 편저), 보리.

여우의 전화박스 (도다 가즈요 글, 다카스 가즈미 그림), 크레용하우스.

일기 감추는 날 (황선미 지음), 웅진주니어.

일수의 탄생 (유은실 글, 서현 그림), 비룡소.

잔소리 없는 날(안네마리 노르덴 글), 보물창고.

조커, 학교 가기 싫을 때 쓰는 카드(수지 모건스턴), 문학과지성사.

종이 공포증(수산나 타마로 글, 우테 크라우제 그림), 비룡소.

줄어드는 아이 트리혼(플로렌스 패리 하이드 글, 에드워드 고리 그림), 논장.

책 먹는 여우(프란치스카 비어만 글), 주니어김영사.

처음 받은 상장(이상교 글, 허구 그림), 국민서관.

초대받은 아이들(황선미 지음), 웅진주니어.

학교에 간 사자(필리파 피어스 글), 논장.

한밤중 달빛 식당(이분희 글, 윤태규 그림), 비룡소.

화요일의 두꺼비(러셀 에릭슨 글, 김종도 그림), 사계절.

초등 고학년 자녀와 함께 읽는 동화

갈매기에게 나는 법을 가르쳐준 고양이(루이스 세풀베다 지음, 이억배 그림), 바다출판사.

괭이부리말 아이들(김중미 글, 송진헌 그림), 창비.

과수원을 점령하라(황선미 지음, 김환영 그림), 사계절.

꽃신 (김소연 지음, 김동성 그림), 주니어파랑새.

나는 천재가 아니야(로드리스 무뇨스 아비아 지음, 나오미양 그림), 시공주니어.

내일은 도시를 하나 세울까 해(O. T. 넬슨 지음), 뜨인돌.

네모 돼지(김태호 지음, 손령숙 그림), 창비.

노잣돈 갚기 프로젝트(김진희 글, 손지희 그림), 문학동네어린이.

랄슨 선생님 구하기(앤드루 클레먼츠 지음), 내인생의책.

로봇의 별(이현 지음), 푸른숲주니어.

릴리 이야기(패트리샤 레일리 기프 글), 개암나무.

몬스터 바이러스 도시(최양선 지음, 정지혜 그림), 문학동네어린이.

마당을 나온 암탉(황선미 글), 사계절.

명심보감(추적 지음), 홍익출판사.

몽실언니(권정생 글, 이철수 그림), 창비.

무기 팔지 마세요(위기철 지음), 청년사.

무덤속의 그림(문영숙 글), 문학동네어린이.

밉스 가족의 특별한 비밀(인그리드 로 글), 주니어RHK.

봉주르, 뚜르(한윤섭 지음, 김진화 그림), 문학동네어린이.

불량한 자전거 여행(김남중 지음), 창비.

블랙아웃(박효미 지음, 마영신 그림), 한겨레아이들.

비밀의 숲 테라비시아(캐서린 패터슨 글, 도나 다이아몬드 그림), 사파리.

사금파리 한 조각(린다 수 박 글), 서울문화사.

샬롯의 거미줄(E. B. 화이트 글, 가스 윌리엄즈 그림), 시공주니어.

생쥐와 친구가 된 고양이(루이스 세풀베다 지음, 노에미 비야무사 그림), 열린책들.

세계를 바꾸는 착한 마을 이야기(박소명 지음), 북멘토.

세월호 이야기(한뼘작가들), 별숲.

시간 가게(이나영 글, 윤정주 그림), 문학동네어린이.

얼굴 빨개지는 아이(장 자끄 상뻬 지음), 별천지.

엄마가 사라진 어느 날(루스 화이트 글), 푸른숲주니어.

열세번째 아이(이은용 지음) 문학동네어린이.

엘 데포(시시 벨 글·그림), 밝은미래.

503호 열차(허혜란 글, 오승민 그림), 샘터.

왓슨 가족, 버밍햄에 가다(크리스토퍼 폴 커티스 글), 시공사.

우물 파는 아이들(린다 수 박 지음), 개암나무.

우주호텔(유순희 글, 오승민 그림), 해와나무.

이 세상에 태어나길 참 잘했다(박완서 글, 한성옥 그림), 어린이작가정신.

이젠 괜찮을 거야(캐럴린 코먼 글, 노도환 그림), 개암나무.

장애를 넘어 인류애에 이른 헬렌켈러(권태선 글), 창비.

전래동화보다 재미있는 한국사 100대 일화(표시정), 삼성출판사.

좋은 돈, 나쁜 돈, 이상한 돈(권재원 글), 창비.

지엠오 아이(문선이 글), 창비.

진짜 도둑(윌리엄 스타이그 글·그림), 베틀북.

최후의 늑대(멜빈 버지스 글), 푸른나무.

초정리 편지(배유안 글), 창비.

크라쿠프의 나팔수(에릭 P. 켈리 글, 야니나 도만스카 그림), 개암나무.

황금소년 라노페르(E. J. 맥그로 글), 개암나무.

중·고등 자녀와 함께 읽는 책

가시고백(김려령 지음), 비룡소.

가우디의 바다(다시마 신지 글), 여성신문사.

갈매기의 꿈(리처드 바크 글), 현문미디어.

구덩이(루이스 새커 글), 창비.

국경없는 마을(박채란 글), 서해문집.

꿈꾸는 다락방(이지성 지음), 국일미디어.

그날, 고양이가 내게로 왔다(김중미 지음), 낮은산.

그 많던 싱아는 누가 다 먹었을까(박완서 글), 웅진주니어.

기억 전달자(루이스 로리 글), 비룡소.

꽃들에게 희망을(트리나 폴러스 글·그림), 시공주니어.

내 인생의 스프링 캠프(정유정 글), 비룡소.

까칠한 재석이가 사라졌다(고정욱 지음), 애플북스.

나무를 심은 사람(장 지오노 글, 마이클 매커디 그림), 두레.

나미야 잡화점의 기적(히가시노 게이고 지음), 현대문학.

나의 라임오렌지 나무(J. M 바스콘셀로스 지음), 동녘.

나의 첫 젠더수업(김고연주 글), 창비.

논다는 것 : 오늘 놀아야 내일이 열린다!(이명석 지음), 너머학교.

다이어트 학교(김혜정 지음), 자음과 모음.

돼지가 한 마리도 죽지 않던 날(로버트 뉴튼 펙 지음), 사계절.

로빈슨 크루소(다니엘 디포 글, N. C. 와이어스 그림), 시공주니어.

루머의 루머의 루머(제이 아셰르 지음), 내인생의책.

멧돼지가 살던 별(김선정 지음), 문학동네.

모모(미하엘 엔데 지음), 비룡소.

바다소(차오원쉬엔 지음, 첸지앙 훙 그림), 다림.

바르톨로메는 개가 아니다(라헬 판 코에이 글), 사계절.

바보 빅터(호아킴 데 포사다 & 레이먼드 조 글), 한국경제신문.

방드르디, 태평양의 끝(미셸 투르니에 글), 믿음사.

100℃ : 뜨거운 기억, 6월 민주항쟁(최규석 지음), 창비.

백설공주는 왜 자꾸 문을 열어줄까–동화로 만나는 사회학(박현희 지음), 뜨인돌.

별을 헤아리며(로이스 로리 글), 양철북.

불량가족 레시피(손현주 지음), 문학동네.

생각한다는 것(고병권 지음), 너머학교.

스피릿 베어(벤 마이켈슨 지음), 양철북.

스프링 벅(배유안 글), 창비.

시간을 파는 상점(김선영 글), 자음과모음.

시간의 주름(매들렌 렝글 지음), 문학과지성사.

식탁 위의 세계사(이영숙 글), 창비.

손도끼(게리 폴슨 글), 사계절.

아낌없이 주는 나무(쉘 실버스타인 글·그림) 시공주니어.

압록강은 흐른다(이미륵 글, 윤문영 그림), 다림.

어느 날 내가 죽었습니다(이경혜 글), 바람의 아이들.

어린왕자(생텍쥐베리 글), 새움.

어쩌다 중학생 같은 걸 하고 있을까(쿠로노 신이치 지음), 뜨인돌.

영두의 우연한 현실(이현 지음), 사계절.

오, 철학자들! 웃기고 괴팍하고 멋진 철학자의 맨얼굴(헬메 하이네 지음), 탐.

우아한 거짓말(김려령 지음), 창비.

왜 세계의 절반은 굶주리는가?(장 지글러 글), 갈라파고스.

완득이(김려령 글), 창비.

위저드 베이커리(구병모 지음), 창비.

유배지에서 보낸 편지(정약용 글), 창비.

자전거를 못 타는 아이(장 자끄 상뻬 글·그림), 별천지.

정의롭다는 것(길도형 지음), 장수하늘소.

지도밖으로 행군하라(한비야 글), 푸른숲.

지킬박사와 하이드 씨(루이스 스티븐슨 지음), 펭귄북스.

책만 보는 바보(안소영 글), 보림.

책상은 책상이다(페터 빅셀 글), 예담.

컨닝X파일(크리스틴 부처 글), 미래인.

판타스틱 걸(김혜정 글), 비룡소.

한 뙈기의 땅(엘리자베스 레어드 글), 밝은 세상.

하브루타 가족 독서 토론으로
함께 행복하자

퐁퐁이와 툴툴이라는 두 연못이 있었다.

퐁퐁이는 숲속 동물 누가 와도 기쁘게 자신이 가진 물을 나누어 주었다. 하지만 툴툴이는 투덜댔다. 두 연못은 어떻게 되었을까?

그림책 『퐁퐁이와 툴툴이』를 읽으면서 작은아들과 나눴던 이야기가 생각난다. 그림책을 읽고 질문하고 대답하던 중에 서로 툴툴이 옹달샘처럼 행동했을 때의 경험과 퐁퐁이 옹달샘처럼 행동했을 때의 경험에 대해 이야기를 나누었다. 아이의 경험과 나의 경험을 나누며 그때의 감정과 기분도 함께 표현했는데, 이야기 끝에 당시 초등 3학년인 작은아들이 이렇게 말했다.

"엄마가 하브루타를 나누고, 전하는 만큼 엄마 안의 하브루타는 점점 더 커지고 단단해지고 풍성해지는 것 같아요."

그때의 감동이란!

지금 다시 돌이켜보아도 작은아들이 내게 준 최고의 응원이다.

얼마 전에 우리 지역에서 함께 하브루타를 실천하는 가족들의 이야기를 공유하는 '하브루타 미니 콘서트'를 진행했다. 내가 하브루타를 오래 실천하고 싶어서 나누기 시작한 이래 가장 큰 감동이 파도처럼 몰려오는 순간이었다. 처음 질문과 토론의 하브루타를 전할 때는 우리 가족뿐이었지만, 지난 몇 년 동안 많은 가족이 동참했고, 실천하는 가족들마다 행복한 과정과 결과를 보여 주고 있다. 그 많은 가족의 이야기를 더 많은 가족들과 공유하기 위해 시작한 프로젝트이다.

첫 하브루타 미니 콘서트에서는 두 가족의 실천 사례를 나누었다. 한 사례는 지시와 명령에 익숙한 군인 아빠와, 군인이라는 특성으로 인해 떨어져 지내야 했던 아이들의 관계에 하브루타가 살며시 녹아들어 질문하고 대화하는 유쾌한 모습을 띤 가족 이야기였다. 특히 남편을 잘 이해하고, 남편에게 맞는 방법을 적용해 조금씩 하브루타를 체화하도록 만든 아내의 지혜로움이 돋보였다.

또 한 사례는 하브루타를 처음 시작할 때부터 초등 6학년 아들과 엄마, 아빠의 호흡이 돋보인 가족의 이야기였다. 하지만 잘하니까 좀 더 잘해 보고 싶은 엄마의 욕심으로 즐거움이 아픔이 된 순간도 있었다고 한다. 다행히 금세 욕심이었음을 깨닫고, 다시 원점으로 돌아가 아이가 좋아하는 주제로 아이의 의견을 존중하며 진행한 결과, 지금은 오히려 초등 6학년 아들이 가족 하브루타의 주연으로서 활약한다고 했다.

사실, 우리 부모 세대는 질문과 토론이 익숙한 세대가 아니다. 우리가 받아 온 교육에서는 질문과 토론이 없었기 때문이다. 그럼에도 우리는 질문과 토론이 삶에서 얼마나 중요한지 안다. 그래서 끊임없이 자녀와 대화를 시도하고자 노력한다. 그런데 쉽지 않다. 당연하다. 부모가 자녀들과 질문과 토론을 하기 위해서는 많은 시행착오와 노력이 있어야 한다. 그래서 나는 많은 부모에게 말한다.

"포기하지 않으면 조금씩 변합니다. 아주 조금씩 내가 변하고, 아이들이 변화하고, 질문과 토론의 행복한 과정만이 남는 순간이 오고야 말아요."

함께 하브루타를 실천하는 한 선생님이 이런 말을 했다.

"인생은 B로 시작해서 D로 끝난다. 그 사이에 C를 어떻게 하느냐에 인생이 달라진다."

여기서 B는 Birth, 탄생이다. 그리고 D는 Death, 죽음이다. 그러면 C는 무엇일까? 바로 Choice, 선택이다. 어떤 선택을 하느냐에 따라 인생의 색깔은 완전히 다른 색이 된다. 질문과 토론을 선택하면 우리의 삶은, 우리 가족의 문화는, 아이들의 삶은 어떤 색이 될까?

나는 3,500여 년 동안 하브루타를, 질문과 토론을 일상과 배움에서 실천해 온 유대인들의 긍정적인 성과를 따라가자고 주장하는 것이 아니다. 우리에게 존재하다가 사라진 질문과 토론의 문화를 되살려, 나를 깨우고 아이들을 깨워 '생각하는 대로 사는 삶'의 주인공으로 모두가 우뚝 서기를 희망한다.

질문과 토론의 주제는 무엇이든 가능하다. 그 중에서도 책을 읽고 함께 토론하는 부모와 가족이 되면 좋겠다. 이를 통해 가족의 행복한 토론 문화를 만들어서 다음 세대에 유산으로 물려주는 더 거대한 프로젝트를 꿈꾼다.

『질문 잘하는 유대인, 질문 못하는 한국인』의 김정완 작가는 "질문 없이 교육한다면 그건 좀비 교육이다."고 말했다. 더 나아가 "질문이 없는 교육은 교육이 아니라 학대와 폭력이 될 수도 있다."고 말했다. 교육만 그러할까? 가정도 마찬가지이다.

"자기 안에 물음표가 없어서 아무것도 묻지 못하는 사람은 건전지를 넣고 단추를 누르면 그냥 북을 쳐대는 곰인형과 다를 것이 없어."
 ─이어령 지음, 『생각 깨우기』(푸른숲어린이)에서

하브루타는 자기 안의 물음표를 최대한 가동하여 자신이 스스로 꺼내는 질문으로 시작한다. 같은 책을 읽고, 각자가 품은 질문으로 마주 앉아 질문하고, 대화하고, 토론하고, 논쟁하는 가족 문화가 자리 잡는다면 우리 사회는 어떤 모습으로 변할까?

사회가 변하기를 바란다면 내가 먼저 변해야 한다. 교육이 변하기를 바란다면 내가 먼저 변해야 한다. 가족이 변하기를 바란다면 내가 먼저 변해야 한다. 나부터, 지금부터, 내가 할 수 있는 것부터 질문하고 토론하기를 바란다. 세상에서 가장 소중한 가족 구성원이 함께 같은 책을 읽고, 질문하고, 토론하며, 행복하게 성장했으면 한다.

자기 안의 물음표를 꺼내는 하브루타 질문 독서와 토론은 가장 강력한 독서 치료와 힐링, 행복을 가져다준다. 이 좋은 것을 사랑하는 가족과 함께하면 더욱 행복하다. 나도 행복해지고, 가족도 행복해지는 방법이다. 우리 가족뿐만 아니라 하브루타 가족 독서 토론을 실천하는 많은 가족이 느끼는 이 행복을 여러 사람에게 선물하고 싶다. 이제 이 책의 마지막 장을 덮는 당신의 C(선택, Choice)는 무엇일지 기대한다.

함께 행복하기를….

| 참고문헌 |

그림책 읽어주는 엄마, 철학하는 아이(2013), 제나 모어 론 지음, 강도은 옮김, 한권의책.

부모라면 유대인처럼 하브루타로 교육하라(2012), 전성수, 예담.

속도에서 깊이로(2011), 윌리엄 파워스 지음, 임현경 옮김, 21세기북스.

생각의 융합(2015), 김경집, 더숲.

쇼펜하우어의 문장론(2005), 쇼펜하우어 지음, 김욱 옮김, 지훈.

우리 아이 책날개를 달아주자(2000), 김은하, 현암사.

책 읽기의 달인-호모부커스(2008), 이권우, 그린비.

처음 시작하는 독서동아리(2016), 김은하, 학교도서관저널.

탈무드 하브루타 러닝(2015), 헤츠키 아리엘리, 김진자 공저, 국제인제개발센터.

하루 15분, 책 읽어주기의 힘(2007), 짐 트렐리즈 지음, 눈사람 옮김, 북라인.

하브루타 부모수업(2017), 김혜경, 경향BP.

함께 읽고, 토론하며, 글쓰는 독서동아리(2015), 조현행, 이비락.

버츄프로젝트 워크숍 워크북(2016), 한국버츄프로젝트.

학교도서관저널(2017년 12월호), 학교도서관저널 편집부, 학교도서관저널.